AF303267

<u>**Das Buch**</u>

Vom Nervenkitzel und dem Traum von plötzlichem Reichtum bis hin zu Spielsucht und sozialem Abstieg ist es manchmal nur ein kleiner Schritt. Welche Faktoren dabei eine Rolle spielen und welche Auswirkungen das Glücksspiel für den Staat und den Einzelnen haben kann, wird hier am Beispiel der U.S.A. gezeigt. Historischer Hintergrund und wissenschaftliche Untersuchungen werden in Verbindung mit gesellschaftlichen Aspekten dazu genutzt, um Licht in das psychologische und wirtschaftliche Netzwerk „Glücksspiel" zu bringen.

<u>**Der Autor:**</u>

Alexander Burk wurde 1966 in Friedberg, Hessen, geboren. An der Johann W. Goethe-Universität in Frankfurt am Main studierte er Amerikanistik, Geschichte und Politik. Als Grundlage für dieses Buch diente seine Magisterarbeit im Fachbereich Amerikanistik, die er 1997 zum Thema „Glücksspiel in den U.S.A." erarbeitete.

Alexander Burk

GAMBLING

Glücksspiel in den U.S.A.

1. <u>Einleitung</u>

> In 1974, $17 billion was legally wagered in the
> Nation. By 1992, it reached $329 billion, and it's
> now over $500 billion.
>
> *Senator Paul Simon (D-Ill.) vor dem US-Senat am
> 31.07.1995* [*]

Diese Zahlen lassen unschwer erkennen, wie rasant sich das legale Glücksspiel in den Vereinigten Staaten von Amerika in den letzten 20 Jahren entwickelt hat. Die Glücksspielindustrie ist zu einem bestimmenden Faktor in der amerikanischen Wirtschaft, Politik und Gesellschaft geworden.

Die Veranstaltung von *gambling*, an sich eine Angelegenheit der Einzelstaaten, erregt aufgrund der beunruhigenden Daten auch Interesse auf oberster Bundesebene. Am 11. Januar 1995 stellte Frank R. Wolf, republikanischer Repräsentant aus Virginia, den Gesetzesentwurf H.R. 497 vor, der dem *House Committee on the Judiciary* unter dem Titel „National Gambling Impact and Policy Commission Act" vorgelegt wurde. Die Demokraten brachten am gleichen Tag durch John J. La Falce aus New York die Gesetzesinitiative H.R. 462 „National Policies Toward Gambling Review Act of 1995" in die *Committees on Resources and Ways and Means* und das *Committee on Judiciary*. Im Senat machte am 6. April desselben Jahres der Demokrat Paul Simon aus Illinois mit der S. 704 auf seine „Gambling Impact Study Commission" aufmerksam.

---

[*] Simon, Paul. „The Explosive Growth Of Gambling In the United States".

Congressional Record Online (31.Juli 1996). S. S10913.

U.S. News & World Report erwartet in seiner Ausgabe vom 15. Januar 1996 in Kürze eine positive Entscheidung des Kongresses zur Bildung der geforderten Kommission.[1]

Auf der anderen Seite berichtet Kevin Sack in der *New York Times* vom 18. Dezember 1995 wie die *gaming lobby* Politiker auf Bundes- und Landesebene „unterstützt". Bob Dole, republikanischer Mehrheitsführer im Senat, erhielt zum Beispiel vom Branchenriesen *Mirage Resorts* für einen Auftritt in Las Vegas fast US$500.000 für seinen Präsidentschaftswahlkampf 1996.[2]

Aber nicht nur in der Politik erregt das Glücksspiel dieser Tage erhöhte Aufmerksamkeit. Mit US$1.568 gab der Amerikaner im Jahr 1989 etwa 8,9 % seines durchschnittlichen Jahreseinkommens für Glücksspiele aus.[3] Über fast US$40 Mrd. Nettoeinkünfte[4] vor Steuern freuen sich nicht nur die Glücksspiel-Unternehmen, sondern auch die Finanzbehörden der Kommunen und Einzelstaaten.

Da aber neben den Gewinnern immer Verlierer existieren, wächst seit kurzem wieder die Zahl der Gegner des legalen Glücksspiels. Politiker, Wissenschaftler, religiöse Gemeinschaften und Selbsthilfegruppen für krankhafte Spieler weisen auf die Schattenseiten der glitzernden Kasinos und Super-Jackpots hin: Spielsucht, erhöhte Kriminalität, Verödung der Kultur- und Freizeitlandschaft in Gemeinden mit Kasinos, um

---

[1] Shapiro, Joseph P. „America's Gambling Fever". *U.S. News & World Report* (15. Jan. 1996). S. 53
(nachstehend angeführt als Shapiro).

[2] Sack, Kevin. „Gaming Lobby Gives Lavishly To Politicians". *NYT* (18. Dez 1995).
Zitiert in: *Congressional Record Online* (19. Dez. 1995). S. S18929.

[3] Zahlen des U.S. Dept. of Commerce, Bureau of the Census. *Statmaster Desktop Demographics*.
Washington (1992) (nachstehend angeführt als *Statmaster*).

[4] Shapiro. S. 57.

nur einige zu nennen. Der erfolgreiche Einfluß der Glücks-spiel-Gegner zeigt sich in den Ergebnissen der jüngsten Volksabstimmungen über die Ausweitung des *gambling* in einigen Bundesstaaten. Auch in der Geschäftswelt mehren sich die Stimmen gegen eine Expansion des Glücksspiels. Unter anderem beklagen Restaurants und Bars erhebliche finanzielle Einbußen. Selbst Größen der *Gambling Industry* fürchten um ihre Kontingente, wie das Beispiel von Donald Trump zeigt. Dieser hatte im August 1995 Klage gegen die Einführung von *Quick Draw*, einer speziellen Art von Lotterie im Staat New York eingereicht.[5]

An diesem kurzen Einblick in die neuesten Entwicklungen und Daten kann man schon erkennen, welche Brisanz im Thema „*Legal Gambling* in den U.S.A." steckt. Nach dem scheinbar unaufhaltsamen Boom der Glücksspiel-Industrie seit Mitte der achtziger Jahre gewinnt die *gambling opposition* zusehends an Popularität.

Eigene Erfahrungen ließen mich über die in den letzten Jahren stets größer werdende Zugänglichkeit zu legalen Formen des Glücksspiels staunen. Bei meinem ersten Aufenthalt in den U.S.A. im Jahre 1986 war eine dreieinhalbstündige Busfahrt in die Kasinos von Atlantic City noch die Attraktion für meine Bekannten aus Middletown, New York. Als ich sieben Jahre später für sechs Monate in Minnesota lebte, war es für einige meiner Arbeitskollegen in Minneapolis schon beinahe Routine, sich ihren wöchentlichen *pay-check* in der nächsten Kneipe auszahlen zu lassen und am Nebenschalter in *pull-tabs* zu investieren. Der Höhepunkt in dieser Hinsicht war natürlich eine Kurzvisite in Las Vegas.

---

[5] Alvarez, Lizette. „Trump Files a Suit to Block a New State Lottery Game". *NYT*, Late Edition
  (23. Aug. 1995) Sektion B: Metropolitan Desk. S. 5.

Das Ziel dieses Buches soll sein, eine Erklärung für den Boom des „legalen Glücksspiels" in der jüngsten Vergangenheit der U.S.A. zu finden und dessen Bedeutung für die amerikanische Gesellschaft zu untersuchen. Schließlich soll auf zukünftige Entwicklungen im Wett- und Spielgeschäft vorausgeblickt werden und Vorschläge für das Verhalten des Staates in bezug auf diese Industrie an der Grenze zum neuen Jahrtausend unterbreitet werden. Notwendige Voraussetzung dazu ist, den Umgang von Politik und Öffentlichkeit in den U.S.A. mit den verschiedenen Formen des legalen und illegalen Glücksspiels seit der Kolonialzeit zu betrachten.

Als Material für den Zeitabschnitt seit etwa 1970 war der Abschlußbericht der *Commission on the Review of the National Policy toward Gambling* als zentraler Ausgangspunkt unentbehrlich. Dank intensiver Nachforschungen war es möglich, auf eine Vielzahl von aktuellen Zeitschriften- und Zeitungsartikeln zurückzugreifen. Zusätzlich erwiesen sich Kongreßdebatten aus den letzten zwei Jahren zum Thema *gambling* als interessante Quelle für die aktuelle Stimmung und sind als Indiz für dessen zukünftige Entwicklung wichtig. Für den geschichtlichen Teil war die detaillierte Zusammenstellung der juristischen Vorgänge in *The Development of the Law of Gambling 1776-1976* von G. Robert Blakey besonders nützlich.

1.1. <u>Begriffserklärung</u>

Funk & Wagnalls New Encyclopedia erläutert den Begriff *gambling* folgendermaßen:

> Gambling, wagering of money or other item of value on an uncertain event that is dependent either wholly on chance, as in roulette, or partly on chance and partly on skill, as in certain card games and in sporting contests.[6]

Hieraus lassen sich folgende Grundvoraussetzungen für den Glücksspielprozeß ableiten:

1. ein Wettereignis, dessen Ausgang in der Zukunft liegt,
2. eine Person oder Gruppe, die Wetten anbietet,
3. eine Person oder Gruppe, die Wetten annimmt,
4. ein Preis, der zwischen den Wettparteien vereinbart wird.

Der Hergang eines Glücksspiels kann unkompliziert sein; etwa eine Wette zwischen zwei Personen über eine zukünftige Begebenheit, deren Ausgang beide vor Ort beiwohnen können und bei der der eingesetzte Wert sofort dem Gewinner übereignet wird.

Er kann aber auch so komplex sein, daß mehrere Personen, die sich an verschiedenen Orten befinden an einer Wette teilnehmen. Das Wettereignis selbst kann den Einsatz von Utensilien wie Spielkarten, „Einarmigen Banditen" oder einem Billardtisch vorsehen.

---

[6] *Funk & Wagnall's New Encyclopedia..* Microsoft Encarta '95. Redmond,WA (1994).

Die Teilnehmer müssen nicht ausschließlich anwesende Privatpersonen sein, sondern dürfen auch eine Gesellschaft oder ein Staat sein. Durch die Etablierung neuer Medien ist es seit etwa 100 Jahren möglich, den Teilnehmerkreis beträchtlich zu erweitern. Der letztendlich ausgeschüttete Gewinn kann die Differenz von Wetteinsatz und anfallenden Kosten für den Veranstalter, wie zum Beispiel Steuern oder Personalkosten sein. Die Höhe des Gewinns kann sich an einem zuvor festgesetzten Betrag oder an einer bestimmten Quote der Wetteinsätze orientieren.

Je verzweigter der Glücksspielakt wird, desto vielfältiger kann die Einflußnahme auf den Ausgang des Wettereignisses sein. Betrug und Unrechtmäßigkeiten sind deshalb kaum zu vermeiden. Hier ist es die Aufgabe des Staates, zum Schutz seiner Bürger regulierend in den Prozeß einzugreifen. Durch die Schaffung von diesbezüglichen Gesetzen sollte der rechtmäßige Ablauf von Glücksspiel gewährleistet und der Staatsmacht rechtliche Mittel zur Verfolgung von Falschspielern zur Verfügung gestellt werden.

Die Bandbreite der Interventionsmöglichkeiten des Staates reicht von einem völligen Verbot über die gesetzliche Duldung bestimmter Formen bis hin zur allgemeinen Legalisierung von Glücksspiel. Unter „legalem Glücksspiel“ versteht man somit eine Glücksspielhandlung, die durch die Aufstellung von Gesetzen durch einen Staat öffentlich gestattet und reguliert wird.

2. <u>Die Geschichte des „gambling" in den U.S.A.</u>

It is not surprising that people so intensely speculative, excitable, and eager as the Americans, should be desperately addicted to gambling. Indeed, the spirit of gambling has incessantly pervaded all their operations, political, commercial, and social. It is but one of the manifestations of that thorough license arrogated to itself by the nation, finding its true expression in the American maxim ..."Every man has a right to do what he damned pleases."

Andrew Steinmetz inThe Gaming Table. Its Votaries and Victims. von 1870 [*]

Im ersten Kapitel soll untersucht werden, ob diese Aussage den Stellenwert des Glücksspiels in den verschiedenen Phasen der amerikanischen Geschichte und die Verhaltensweisen der Obrigkeit gegenüber dem *gambling* treffend darstellt. Um Rückschlüsse aus der Geschichte auf den Boom der *Gambling Industry* in den achtziger und neunziger Jahren dieses Jahrhunderts ziehen zu können, will ich mein Augenmerk auf wiederkehrende Strukturen, Hauptströmungen in der Haltung der jeweiligen Bevölkerung und den Argumenten pro bzw. kontra Glücksspiel richten.

---

[*] Andrew Steinmetz, zitiert in: Burnham, John C. *Bad Habits*. New York (1993). S. 149

14

2.1. <u>1607 - 1770</u>:   **Puritaner**   **und**   *Southern Gentlemen*

Die Führungsschicht der beiden ersten dauerhaft erfolgreichen Siedlungen auf dem nordamerikanischen Kontinent, Jamestown und Plymouth, bestimmten bis zur Revolution die Moralvorstellungen und demgemäß die koloniale Gesetzgebung in ihrer jeweiligen Region nachhaltig.

Für beide Kolonien galt gemäß ihres Herkunftslandes das englische *Common Law*. „At common law, gambling was not illegal", beginnt G. Robert Blakey seine Untersuchung über *The Development of the Law of Gambling 1776 - 1976*. Bis zur Zeit der Kolonisierung Neu-Englands bestimmten mehrere königliche Verordnungen die Umstände, unter denen gespielt werden durfte. Besonders das Statut Heinrichs des Achten von 1541 geht hierauf ein. Blakey schließt allerdings aus dessen Inhalt:

> Although a game might not have been unlawful per se, it was deemed illegal if it were played for money in a particular place, i.e., in public or in a gaming-house.[7]

Im Jahre 1603 reformierte der englische Gerichtshof im *Case of Monopolies* die Bestimmungen des Königshauses und bestätigte die Rechtskonformität von maßvollem Spiel. „Rather than prohibiting games, the law directly focused on limiting the perceived anti-social consequences of games", kommentiert Blakey diesen Vorgang.[8]

---

[7] Blakey, G. Robert. *The Development of the Law of Gambling 1776-1976*. Washington (1977). S. 7
  (nachstehend angeführt als Blakey Law)
[8] Blakey Law. S. 9

Das Gericht in London war jedoch weit von den neuen Kolonien entfernt. Für die englischen Siedler in der „Neuen Welt" stand zunächst die Existenzsicherung im Vordergrund.

1607 gründete John Smith den Ort Jamestown in Virginia im Auftrag der Virginia Company of London. Durch die frühe Einführung des *Cash crop*-Systems bildete sich eine, dem feudalen England ähnliche Gesellschaftsstruktur heraus: Einige Großgrundbesitzer, die eine zahlreiche Arbeiterschaft zu billigen Löhnen benötigten. Zudem war man wegen dem Anbau landwirtschaftlicher Monokulturen zwangsläufig auf Im- bzw. Export mit dem Mutterland angewiesen. Als 1619, ein Jahr bevor die Pilgerväter in Massachussetts landeten, die ersten schwarzen Sklaven in Jamestown eintrafen, existierte der gesellschaftliche Grundplan für den „Alten Süden" schon längst. Hinsichtlich des Spiels kamen in dieser Region die Statuten des englischen *Common Law* zur Anwendung.

Die vorwiegend anglikanische Bevölkerung hatte kaum religiöse Bedenken gegenüber dem Spiel. Der Obrigkeit waren vielmehr die Auswirkungen von intensivem Glücksspiel unwillkommen. Sie sah dadurch die öffentliche Ordnung gefährdet und reagierte entsprechend. Die Kolonialregierung wandte deshalb die diesbezüglichen Verordnungen von Charles dem Zweiten (1664) und von Königin Anne (1710) auf das koloniale Leben an. In England fand neben den Aristokraten auch die prosperierende Klasse der Kaufleute zunehmend Gefallen am riskanten Zeitvertreib. Die beiden erwähnten Verordnungen sahen die Ächtung von „excessive and deceitful gaming" vor. Die verschärfte Version von 1710 zielte maßgeblich auf den Schutz der Adeligen ab, die neben immensen Geldbeträgen oft ihren Landbesitz verwetteten.[9] Auch in der Tidewater-Region versuchte man, ähnliche Herrschaftsstrukturen zu bewahren. Kurzum, in den gesetzlichen Bestimmungen der

---

[9] Blakey Law. S. 13-16

englischen Kolonien im Süden des Kontinents war die gesamte Bandbreite der beiden genannten Statuten zu erkennen. Sie reichte von der lockeren Auslegung des Statuts von 1664, bei dem nur gegen betrügerische Wetten Maßnahmen ergriffen wurden, bis zu Versionen, die jegliches Spielen in der Öffentlichkeit verbot.

Für die Puritaner an Bord der *Mayflower*, die im Herbst 1620 in Plymouth landeten, waren die Anfangsschwierigkeiten durch die harten Winter noch weitaus größer als die der südlicheren Kolonisten. Im Gegensatz zu diesen wanderten die Puritaner nach Nordamerika aus, um den Lastern der „Alten Welt" und der Verfolgung durch die englische Staatskirche zu entgehen. Der Zusammenhalt der Gruppe war durch die religiöse Glaubensgemeinschaft noch stärker als in Jamestown. Die Führungspositionen in den Kolonien nahmen traditionell die kirchlichen Oberhäupter ein. Increase Mather stellte 1687 fest:

> As for games of hazard and chance, such as dicing, cards, and sundry games at tables,... Two things we may assert. 1. That it is best and safest, wholly to abstain from the games mentioned. 2. That as they are commonly practised there is much sin and provocation to God in them.[10]

---

[10] Mather, Increase. *Testimony Against Prophane Customs*. London (1687);
Charlottesville (repr. 1953). S. 30

Für die Puritaner war das Wort Gottes das maßgebende Gesetz, die Bibel das Gesetzbuch. Bezüglich des Spiels mußten die Puritaner einsehen, was der protestantische Aktivist Larry Braidfoot noch über 300 Jahre später feststellte: „The Bible does not have a direct commandment, which explicitly prohibits gambling..."[11] Trotzdem verurteilten sie jegliches Spiel, weil es die Faulheit fördere. Harte Arbeit war zum Überleben in der Wildnis erforderlich und als *calling* von Gott gewollt. Durch sie konnte so manches Laster der englischen Adeligen, das von der anglikanische Kirche toleriert wurde, vermieden werden.

> The frugal and hard-working man was respectable whether successful or not;... And to be fully meritorious, work must be at least mildly unpleasant and not too easy.[12]

Gesetz war mit Moral und Verbrechen mit Sünde identisch. War das Spielen anfangs noch indirekt tabu, wurde 1646, nachdem durch die *Great Migration* der Zustrom an Siedlern immer größer wurde, erstmals ein Gesetz erlassen, das ausdrücklich das Spielen in der Massachussetts-Kolonie verbot.[13] Wegen der sich ständig ändernden Machtverhältnisse im Mutterland wagten immer mehr Menschen anderer Glaubensrichtungen die Überfahrt nach Amerika.

---

[11] Braidfoot, Larry. *Gambling. A Deadly Game*. Nashville (1985). S. 181 (nachstehend angeführt als Braidfoot*)*

[12] Devereux, Edward C. *Gambling and the Social Structure. A Sociological Study of Lotteries in*

Contemporary America. New York (1980). S. 754 -55

[13] Blakey Law. S. 42

Die Zersetzung der religiösen Homogenität der nördlichen Kolonialbevölkerung förderte die Mißachtung der strengen puritanischen Gesetze. Die Strafen für spielende Privatleute wurden mit der Zeit rigoroser.

> The Plymouth Colony laid fines against card fiends caught at play: forty shillings in 1656, two pounds each in 1661. Servants and minors handling a pasteboard could be publicly whipped.[14]

Die populärste Form des Glücksspiels in beiden genannten Kolonialgebieten war die Lotterie. Zahllose öffentliche und soziale Einrichtungen sowie Maßnahmen zur Verbesserung der Infrastruktur wurden durch sie finanziert. Die Tradition der Lotterie in der „Neuen Welt" hat ihre Wurzeln in England.

> In England, the third public license was issued to the Virginia Company in 1612 for a lottery to support its settlement at Jamestown.[15]

Den Geschäftsführern der Handelsgesellschaft wurde gewahr, daß sie länger defizitär arbeiten müßten als sie vorher geplant hatten. Um die benötigten Finanzen trotz schlechter Gewinnaussichten zu organisieren, bat die *Virginia Company of London* 1612 die Krone, eine Lotterie ausrichten zu dürfen. Die Gesellschaft konnte einen Reingewinn von 29.000 Pfund

---

[14] Longstreet, Stephen. *Win or Loose. A Social History of Gambling in America.*
  Indianapolis (1977). S. 30 (nachstehend angeführt als Longstreet)
[15] Weinstein, David & Deitch, Lillian. *The Impact of Legalized Gambling.* New York (1974). S. 7
  (nachstehend angeführt als Weinstein & Deitch)

erzielen.[16] Der Geldfluß und infolgedessen die Unterstützung
der Kolonisten wurden dadurch gesichert.

Die frühen Siedler erinnerten sich sehr gut an diese einträgliche Form, Unternehmungen aller Art zu finanzieren. In privaten Lotterien wurden Grundstücke, Häuser und sogar überschüssige Lebensmittel an den Mann gebracht. Private und öffentliche Interessengruppen trugen auf diese Weise Kapital für Schulen, Kirchen und andere Einrichtungen zusammen. Benjamin Franklin war Mitveranstalter mehrerer Verlosungen in New York und Philadelphia. 1748 schreibt er erfreut über die rege Teilnahme:

> Preparations are making to begin the drawing of the lottery on Monday next. The managers having no tickets left, and the demand still continuing ....[17]

Puritaner in Neuengland und Quäker in Pennsylvania sahen in Lotterieveranstaltungen Verstöße gegen Gottes Gebote. Die negative Argumentation gegen das Spielen wegen Gefährdung der Gemeinschaft war nun weniger brauchbar, da Lotterien zu einer Kultivierung des öffentlichen Lebens beitragen sollten. Die orthodoxen Kirchenführer differenzierten nun zwischen Spiel und Glücksspiel:

> Lots, being mentioned in the sacred oracles of Scripture as used only in weighty cases and as an acknowledgement of God sitting in judgement ... cannot be made the tools and parts of our common sports ....[18]

Die Bibel selbst fällt kein eindeutiges Urteil darüber, ob es im Sinne Gottes ist, eine Entscheidung durch das Ziehen von

---

[16] Chafetz, Henry. *Play the Devil*. New York (1960). S. 20 (nachstehend angeführt als Chafetz)

[17] Labaree, Leonard W. (Hg.). *The Papers of Benjamin Franklin*. Bd. 3. New Haven (1961). S. 310

[18] Cotton Mather zitiert in: Chafetz. S. 14

Losen herbeizuführen. Wie man aus dem Zitat Cotton Mathers erkennen kann, war auch „Heiligen Männern" die Verlosung als sakrale Handlung nicht fremd. Larry Braidfoot klärt dagegen im Jahre 1985 den aufrechten Christen ganz im Sinne der Puritaner und Quäker auf: „Anyone who confuses the practice of casting lots with a dice game is playing loose and dishonest with the facts."[19]

2.2. <u>1770 - 1830: Revolution und Gründerzeit</u>

Nach Erklärung der Unabhängigkeit von England änderte sich an der Einstellung von Bevölkerung und Staatsmacht gegenüber dem Glücksspiel im Prinzip nichts. Rechtlich gesehen wurde die Tradition des *Common Law* auch in den neuen Staaten weitergeführt.

Die Gründe für die Beliebtheit von Verlosungen bei den Regierungen, damals wie heute, liegen auf der Hand: Koloniale Herrschaft, *Confederate Congress* sowie die neu ins Leben gerufenen Institutionen der 13 Vereinigten Staaten litten aus verschiedenen Anlässen an chronischem Geldmangel. Professionelle Banken, die große Beträge akkumulieren und dem Staat ausleihen konnten, existierten noch nicht. Die Körperschaften in den Kolonien besaßen kein Steuererhebungsrecht und die Brisanz des Themas „Steuern" bei der amerikanischen Bevölkerung dieser Zeit war allseits bekannt. Lotterien waren somit ein adäquates Mittel der Regierungen, sich aus der mißlichen Lage zu befreien, ohne das Volk zu verärgern. Neben den schon erwähnten Finanzierungszielen wurden im Vorfeld und während des Unabhängigkeitskrieges Lotterien oftmals zur Bezahlung der Kriegskosten ausgerichtet.

---

[19] Braidfoot. S. 183

Die größte dieser Art und gleichzeitig auch die erste Lotterie von nationalem Ausmaß wurde jedoch ein Mißerfolg:

> Among its other desperate efforts to raise money, the Continental Congress sponsored a lottery with four drawings beginning in 1777. The first went well, but the others were unsuccessful, and the overall revenues were small.[20]

Mit dem Einstieg in das Lotteriegeschäft begann der Staat unweigerlich, das Spielgeschehen zu kontrollieren. Nachdem der religiöse Einfluß sukzessiv abnahm, reagierte die koloniale Führung zunächst noch gelassen. Angesichts zunehmender Manipulationen griff die Obrigkeit ab Mitte des 18. Jahrhunderts regulierend in den Lotterieprozeß ein. Das übliche Verfahren bestand allerdings nicht im Verbot aller Lotterien, sondern nur für die privat organisierten. Durch die begrenzte Vergabe von Lizenzen versuchte man, in allen Staaten einerseits den Nutzen der Lotterien weiter aufrecht zu erhalten und andererseits Betrügereien zu vermeiden sowie die Konkurrenz privater Verlosungen auszuschalten. Zwischen 1774 und 1789 waren mehr als 80 staatlich lizensierte Lotterien in Betrieb.[21]

Je umfangreicher die Lotterien in Zahl und Geldbetrag wurden, desto größer wurde der organisatorische Aufwand. Die Staaten waren auch aus diesem Grund dankbar, die Arbeit in die Hände einiger professioneller Lizenznehmer zu geben. Aus einer ursprünglich ehrenamtlichen Tätigkeit wurde mit der Zeit ein kommerzielles Unternehmen. Mit diesem staatli-

---

[20] Weinstein & Deitch. S. 9

[21] Blakey, G. Robert. „State Conducted Lotteries: History, Problems and Promises". *Journal-of-Social-Issues* 35.3 (1979). S. 67 (nachstehend angeführt als Blakey Lottery)

22

chen Freibrief entwickelten sich eine Handvoll Organisationen, die mit einem engmaschigen Vertriebsnetz ihre Lose staatenübergreifend verkauften. Weinstein und Deitch berichten von über 200 Verkaufsstellen, die 1832 allein in Philadelphia Lose für 420 verschiedene Lotterien anboten.[22] Zwangsläufig waren Gaunereien an der Tagesordnung. Es stellte sich heraus, daß eine staatliche Lizenzvergabe allein keineswegs die Beseitigung krimineller Machenschaften bedeutete. Ab etwa 1820 verschärfte sich die Kritik an den Lotterien.

Gegen andere Arten von Glücksspiel ging der Staat mit unverminderter Härte vor. Trotz stetig steigender Einwanderung aus katholischen Ländern besetzte die alte protestantische Führungsschicht die öffentlichen Posten im Nordosten Amerikas. Puritanische Moralvorstellungen bestimmten, in abgeschwächter Form, weiterhin das gesellschaftliche Leben. Zudem rechtfertigten die nun per Verfassung gesicherten *inalienable rights* den Schutz des Individuums durch den Staat und daher dessen aggressives Vorgehen gegen Betrug beim öffentlichen Glücksspiel. Unzählige Gerichtsurteile und Gesetze in allen Staaten der Union bestätigen die diesbezügliche Verschärfung.

Nichtsdestotrotz nahmen Glücksspiele einen unübersehbaren Teil des öffentlichen Lebens in den U.S.A. ein. Thomas Jefferson schreibt 1791:

> Ships are lying idle in the wharfs, buildings are stopped, capitals withdrawn from commerce, manufactures, arts and agriculture to be employed in gambling, and the tide of public prosperity almost unparalleled in any country is arrested in its course, and suppressed by the rage of getting rich in a day. No mortal can tell where

---

[22] Weinstein & Deitch. S. 9

this will stop; for the spirit of gaming, when once it has seized a subject, is incurable.[23]

Auch im privaten Bereich wurde ausgiebig gespielt, wie das prominente Beispiel von George Washington zeigt. Paul L. Ford bemerkt in seiner Biographie des ersten amerikanischen Präsidenten:

Washington was fond of cards, and in bad weather even records „at home all day, over cards" ... In his seventeenth year he won one shilling and threepence by the cue, and from that time won and lost more or less money in this way.[24]

Besonders in den südlichen Staaten verhinderte die *gentry* erfolgreich die Einordnung des „königlichen Sports" Pferderennen in die Liste der öffentlich verbotenen Hasardspiele. Robert Blakey berichtet von mehreren Fällen, in denen Staaten, die Pferderennen als anstößiges Glücksspiel aus ihrem Hoheitsgebiet verbannen wollten, vom zuständigen Supreme Court zurückgewiesen wurden. Das Hauptargument der Richter war, daß Pferderennen per se ein traditioneller Sport und deswegen nicht gesetzwidrig sei. An das richterliche Verbot von Wettbetrieb an den Rennbahnen hielt sich in der Praxis natürlich kaum jemand.[25] Insgesamt spiegelt die Urteilsfindung die Übereinstimmung der Interessen von Züchtern und Veranstaltern mit denen der Zuschauer wider, die weitgehend Großgrundbesitzer waren .

---

[23] Bergh, Albert E. and Lipscomb, Andrew A. (Hg.). *The Writings of Thomas Jefferson*. Monticello
 Edition. Washington (1904). Bd. VIII. S. 233. (nachstehend angeführt als Bergh & Lipscomb)
[24] Ford, Paul L. *The True George Washington*. Philadelphia (1896). S. 198-199
[25] Blakey Law. S. 263-67

2.3. <u>1830 - 1860:</u> *Jacksonian Democracy* <u>und</u> <u>*Western Expansion*</u>

1828 gewann Andrew Jackson die Präsidentschaftswahl. Im Vordergrund seiner Politik stand die Nivellierung der Privilegien der vorherrschenden Klasse gegenüber den Rechten der Durchschnittsbürger - mit all ihren guten und schlechten Konsequenzen. Für den Bereich des *gambling* bedeutete dies ungeahnte Einschnitte. Die Argumentation im Kampf Jacksons gegen die *Second Bank of the United States* war auch auf die marktbestimmenden Lotterieunternehmen anwendbar. Die Vergabe von Lizenzen stellte ein ähnliches Privileg dar wie die unverzinsten Regierungseinlagen bei der *Second Bank.*

Waren die Preise für den Kauf eines Loses für den *common man* anfangs noch zu hoch, konnten sich um die Jahrhundertwende auch ärmere Schichten an den Lotterien beteiligen. Dies wurde durch die Arbeitsteilung in den *lottery companies* ermöglicht. „Brokers, not unlike modern securities underwriters, bought all the tickets at a discount and marketed them at a face value throughout the country."[26] Die Händler boten Lose vieler Lotterien an. Der Preis richtete sich nach dem aktuellen Stand der oft monatelangen Ziehungen: Je mehr kleinere Preise vergeben waren, desto wertvoller wurden die noch vorhandenen Tickets. Denjenigen, denen ein Los oder Teillos zu teuer war, wurde die Möglichkeit eröffnet, sich auf kostengünstigere Weise an den Verlosungen zu beteiligen. „A bet could be placed for a few cents on wether a

---

[26] Blakey Lottery. S. 68

25

specific number would be drawn, and a receipt would be issued called an 'insurance policy'."[27]

Diese Form des Glücksspiels hatte nichts mehr mit dem Sammeln von Geldern zur Finanzierung öffentlicher Projekte gemein. Der Profit floß allein dem Broker zu, der durch Beeinflussungen bei Ziehung der Lose seinen Gewinn vergrößern konnte. Die Leidtragenden dieser Machenschaften kamen zunehmend aus ärmeren Schichten der Gesellschaft. Dergleichen Mißstände sagte Jackson in seinem Veto gegen die Erneuerung der Charter für die *Second Bank* indirekt den Kampf an:

> It is to be regretted that the rich and powerful too often bend the acts of government to their selfish purposes. ... when the laws undertake to add to these natural and just advantages artificial distinctions, to grant titles, gratuities, and exclusive privileges, to make the rich richer and the potent more powerful, the humble members of society the farmers, mechanics, and laborers who have neither the time nor the means of securing like favors to themselves, have a right to complain of the injustice of their Government.[28]

Die aufkommende Opposition im Volk gegen Lotterien erhielt durch das erneute allgemeine Erwachen religiöser Lebensregeln zusätzliche Impulse. Die Legislative reagierte dementsprechend. Staaten, die Lotterien aller Art schon früh verboten hatten, drängten andere Staaten, angesichts des Kursierens fremder Lose, nachzuziehen.

Der *Final Report of the Commission on the Review of the National Policy toward Gambling* stellt fest: „By 1860, eve-

---

[27] Weinstein & Deitch. S. 10

[28] Remini, Robert V. (Hg.). *The Age of Jackson*. New York (1972). S. 80-81

26

ry State in the Nation except Delaware, Kentucky, and Missouri had enacted constitutional or statutory prohibitions against any and all lotteries."[29]

Daß gerade während der Ära Jacksons, dem ersten an der Frontier geborenen Präsidenten, das *anti-gambling* Sentiment einen Höhepunkt hatte, ist schon ein wenig verwunderlich.

Es ist anzunehmen, daß Jackson als Armeeangehöriger wohl ständig mit Glücksspielen in Berührung kam. Die persönlichen Erfahrungen von Senator Simon, einer der treibenden Kräfte der gegenwärtigen *anti-gambling*-Kampagne im US-Kongreß, während des Zweiten Weltkrieges waren und sind wohl für den Soldatenalltag allgemeingültig: „I particularly remember traveling overseas and back while in the U.S. Army. The troop ship became a huge gambling operation with dice or cards, ..."[30]

Im Privatleben war Andrew Jackson als hochgradiger Glücksritter bekannt. Henry Chafetz berichtet von einem legendären Pferderennen, das 1805 in Hartsville, Tennessee stattfand. Bei diesem „matchless spectacle" setzte Jackson US$1.500 auf den Sieg seines Pferdes Truxton und gewann.[31]

Die Professionalisierung, die im Bereich der Lotterie festzustellen war, ergriff auch Spieldisziplinen, die bisher vorwiegend in privater Sphäre praktiziert wurden. Sogenannte *blacklegs* oder *sharpers* verdienten mit viel Geschick und nicht weniger Täuschung ihren Lebensunterhalt. Das bevor-

---

[29] Helsing, Patricia. *Gambling in America. Final Report of the Commission on the Review of the*
    National Policy toward Gambling. Washington (1976). S. 145 (nachstehend angeführt als Helsing)
[30] Simon, Paul. „The Explosive Growth of Gambling in the United States". *Congressional Record*
    Online (31.Juli 1996). S. S10913
[31] Chafetz. S. 45

zugte Terrain der Berufsspieler war ein möglichst erträgnisreiches Wirkungsfeld, das von Ordnungshütern wenig besucht wurde. Die Menschenmassen der expandierenden Städte boten ihnen sowohl gute Verdienst- als auch Fluchtmöglichkeiten.

Die im Zuge des zweiten *Great Awakenings* entstehenden *Temperance and Abolition Movements* fanden allerdings nicht nur in den ländlichen Gegenden, sondern auch in den großen Städten Gehör. Die erblühende Massenpresse, allen voran Horace Greeleys *New York Tribune*, förderte als Sprachrohr dieser Bewegungen die Gestaltung effektiver Reformgesetze. Diese Verordnungen waren weiterhin kaum gegen das Spielen im privaten Kreis, sondern in erster Linie gegen „ ... any person who does or is suspected to get his livelihood by gaming ...“[32] gerichtet. Die Polizeibehörden überprüften zunehmend die Einhaltung der Gesetze. Die Besitzer von bisher geduldeten Spielsalons mußten hohe Strafen zahlen und den Betrieb schließlich einstellen. Professionelle Spieler gingen in den Untergrund oder beachteten den allgemeinen Aufruf ihres „größten Feindes“ Greeley und zogen nach Westen.

In den *Saloons* an der *Frontier* konnten sie, dank mangelnder Gesetzespräsenz, relativ unbehelligt die steigende Flut der risikobereiten Pioniere schröpfen. In der populären Literatur der 1860er sind unzählige Beispiele für das exzessive Glücksspiel im Alltag an der Zivilisationsgrenze beschrieben. Hervorzuheben sind hier die frühen Werke von Mark Twain, *The Notorious Jumping Frog of Calaveras County* von 1865 und Bret Harte, *The Luck of Roaring Camp and Other Sketches* von 1870. Spieler gehörten immer mit zu den ersten, die mit der *Frontier* weiter nach Westen zogen. Sobald die Welle der Farmerfamilien die Siedlungsgrenze erreichte, war die Ein-

---

[32] Act of Jan. 24, 1839, *Iowa Rev. Stat.* Zitiert in: Blakey Law. S. 321

28

gliederung in die Union und damit eine Gesetzgebung nach dem Vorbild der Atlantikstaaten abzusehen.

Unter Spielern dieser Zeit am meisten geschätzt waren allerdings die Raddampfer, die den Mississippi und Ohio befuhren.

> The riverboat gamblers, in their extreme way, reflected the contemporary temper of the country - each man for himself. Personal ambition was animated by the frenzied hope for quick gain, the everlasting urge to achieve wealth.[33]

Reiche Plantagenbesitzer aus dem Süden, aber auch Geschäftsleute aus dem Norden benutzten diese schwimmenden Paläste, um zu den aufstrebenden Absatzmärkten zu gelangen. Die Fahrt zwischen New Orleans und den nördlicheren Zentren, wie Louisville, Natchez, Memphis und später St. Louis und Chicago dauerte meistens Tage, wenn nicht Wochen. In den prunkvollen Räumen im Innern der *steamboats* erleichterten elegant und weltmännisch auftretende *gentlemen* den Reichen durch Karten- und Würfelspiele die Tristesse der Fahrt - und nebenbei ihre üppigen Geldbörsen. Im Landungsbereich der Boote entstanden in den oben genannten Städten traditionelle Zentren für Spiel, Prostitution und Alkoholkonsum, wie das *French Quarter* in New Orleans oder Natchez-Under-the-Hill, um nur zwei zu nennen. Vor dem Bürgerkrieg arbeiteten, laut Longstreet, schätzungsweise 800 professionelle Spieler auf dem Mississippi und seinen Nebenflüssen.

---

[33] Chafetz. S. 73

2.4. <u>1860 - 1900: *Civil War* und *Gilded Age*</u>

Der einsetzende Bürgerkrieg beendete die Ära der Mississippi-Raddampfer. Die Eintönigkeit langer Reisen setzte sich jedoch in den Kampfpausen der Soldaten fort.

> Gambling, the traditional relaxation of soldiers, was particularly rampant during the War between the States. The boys in blue and the boys in gray alike were addicted to faro, poker, ...[34]

Die Erfahrungen vieler Männer während des Bürgerkrieges ließen nach dessen Ende die von den Reformbewegungen mühsam aufgebauten Ressentiments in der Bevölkerung der U.S.A. gegenüber dem Glücksspiel wieder vergessen. Unterstützt vom Geist der Zeit, der von Spekulation in Land- und Industriewerten, den *Robber Barons* und ihrem Umgang mit Gesetz und Ordnung geprägt war, erhielt das Glücksspiel, den Gesetzesvorschriften zum Trotz, neuen Aufwind.

Im Westen waren die Herrschaftsstrukturen nicht so unbeweglich wie an der Atlantikküste. Oftmals war ein Spieler angesehenes Mitglied des Gemeinderates und konnte somit politischen Einfluß ausüben. Thomas J. Noel berichtet über die Beziehung zwischen dem Spieler und Saloonbesitzer Edward Chase und Lokalpolitikern aus Denver:

> Originally Chase had been openly involved in politics. He represented the first ward as city councilman from 1866 to 1869. After thus broadening his political education, Chase retired from public office but remained

---

[34] Chafetz . S. 245

prominent among the backroom politicians of the Republican Party, which dominated Denver politics.[35]

Auch an der Ostküste hatte *gambling* wieder Konjunktur. Die Reichen suchten Zeitvertreib in wahren Spielpalästen, die von einem Besucher als „establishments, making it a fair rival of the Kursaal at the Badens"[36] beschrieben wurden. Viele aus dieser illustren Gesellschaft waren durch legale Spekulation an der *Wall Street* zu dem Wohlstand gekommen, den sie in den Kasinos erneut riskierten. Spielbanken entstanden in der Tradition ihrer europäischen Vorbilder auch in den Kurorten und Strandbädern des neuen Kontinents. Als herausragende Beispiele sind aufzuführen: Saratoga in New York, Palm Beach in Florida und Hot Springs in Arkansas.

Richard A. Canfield und vor ihm Jack Morrissey standen Modell für den neuen Typ von Berufsspieler. Sie galten als „ehrliche Spieler", die ihre Spielkasinos nach kaufmännischen Gesichtspunkten führten, das heißt mit einer langfristigen Gewinnmarge kalkulierten. Die war so hoch, daß die Tricks der *Mississippi card sharpers* nicht mehr notwendig waren. Um ihre Kundschaft entsprechend behandeln zu können, verstanden sie es in der Regel, die städtischen Politiker durch Schmiergelder bei Laune zu halten. Korrupte lokale Politapparate wie die New Yorker *Tammany Hall Democrats*, die es verstanden die umfangreichen Einwanderermassen hinter sich zu bringen, tolerierten die illegale Spieltätigkeit nicht nur, sondern hatten sogar persönliche Beziehungen zu diesen Kreisen. Die Karriere des schon erwähnten Jack Morrissey, der es als Sohn irischer Emigranten vom Preisboxer bis zum Kongreßabgeordneten brachte, ist bezeichnend für den Einfluß der Parteimaschinen.

---

[35] Noel, Thomas Jacob. *The City and the Saloon*. Lincoln (1982). S. 39
[36] Zitiert in: Chafetz. S. 285

In den Ghettos der ärmeren Bevölkerung ging es weniger *gentlemen-like* zu. Sogar den Ärmsten wurde es nicht verwehrt, ihre wenigen *cents* bei illegalen *policy games* oder in *bucket shops* zu verlieren. In letzteren bestand die Gelegenheit, auch mit kleinen Beträgen auf Veränderungen am Kapitalmarkt zu wetten, was sonst nur reichen Aktionären möglich war.

Die Behörden reagierten auf die offensichtlichen Verletzungen der vorhandenen Gesetze nur sporadisch. Razzien wurden erst zu einem Zeitpunkt durchgeführt, wenn der Inhaber eines Spielsalons den Gepflogenheiten - sprich den Schmiergeldzahlungen - nicht mehr nachkam. Vor diesen Hausdurchsuchungen waren anschließend weder der kleine *policy broker* noch die Großen des Geschäfts sicher. Doch effektiv war die auf den Prozeß folgende Strafe nur eine Erinnerung an die pünktliche Bezahlung der zukünftigen Bestechungsgelder. Waren die Profispieler der Periode vor dem Bürgerkrieg vor der größeren Polizeipräsenz in den Städten auf die *Mississippi steamboats* ausgewichen, so bot ihnen nun die Eisenbahn eine ähnliche Zuflucht.

Zur signifikantesten Art des Glücksspiels dieses Zeitabschnittes wurden die Sportwetten. Die Anfänge der weltbekannten amerikanischen Profisportarten, wie Baseball und Football, liegen in diesem Zeitabschnitt. Tausende besuchten die großen Boxveranstaltungen und Pferderennen. Besonders bei letzteren wurde der Profit mehr aus dem begleitenden Wettgeschäft als aus den Eintrittsgeldern bezogen. Technische Innovationen auf dem Gebiet der Informationsübertragung waren der Verbreitung der Sportwetten behilflich. Über den Telegraphen und später das Telefon konnten Ergebnisse, auch von weiter entfernten Rennbahnen, schnell in Räume außerhalb der Strecken übermittelt werden. Vor allem in den letzten Jahren des Jahrhunderts entstanden sogenannte *pool-*

rooms in den Großstädten der Vereinigten Staaten. In diesen Billard-Hallen wurde der Freizeitsport zur Nebensache, wenn die Quoten kurz vor den Pferderennen und die Ergebnisse kurz danach übermittelt wurden.

Ohne Frage waren Pferderennen in der „Neuen Welt" schon seit der Kolonialzeit sehr populär, aber in den meisten Staaten verbot die Gesetzgebung im Zuge der *anti-gambling*-Bewegung der dreißiger und vierziger Jahre des 19. Jahrhunderts strikt jegliches Pferderennen. Nur in den Südstaaten deklarierten einige Legislativen Pferderennen als Sport. Im Vorfeld des Bürgerkrieges waren Rennen zwischen Vollblütern aus nord- und südstaatlichen Gestüten von nationalem Interesse.

Auch bei dieser Form des Wettens trat nach dem Bürgerkrieg eine Professionalisierung ein. Gewerbliche Buchmacher überfluteten die Rennbahnen, deren Netz flächendeckend über die Städte der U.S.A. ausgebreitet wurde. Der Beruf des Buchmachers hatte allerdings einen sehr zweifelhaften Ruf. Betrug war, auch im Interesse der Bahneigner, die die Buchmacherlizenzen vergaben, an der Tagesordnung.

> ... the bookmakers who dominated betting shortened their odds, defrauded their customers, skipped towns when they lost too heavily, caused a series of major scandals by bribing trainers and riders, and were sometimes exposed racing their own horses under false colors ...[37]

Die Illegalität von Pferdewetten konnte den großen Andrang an den Rennbahnen nicht verhindern.

---

[37] King, Rufus. *Gambling and Organized Crime*. Washington (1969). S. 26
(nachstehend angeführt als King*)*

Neben den Pferderennen feierte die Lotterie ein Comeback, zwar nur in einem Staat, dafür aber vollkommen legal. Den Veranstaltern der *Louisiana Lottery* wurde 1865 ein staatliches Monopol für die folgenden 25 Jahre zugesichert. Dies kam durch die öffentliche Zusage zur Zahlung einer jährlichen Summe von US$40.000 an den für *gambling* traditionell offenen Staat Louisiana zustande. Zudem flossen weniger sichtbare Gelder an die dort ebenso traditionell fragwürdigen Staatsdiener.[38] Zum nationalen Thema wurde *The Serpent* aus dem einfachen Grund, daß 93 % der Einnahmen außerhalb Louisianas erzielt wurden.[39] Erstmals griff die Bundesregierung bedeutend in den Glücksspielbereich ein. Zwischen 1868 und 1895 erließ der Washingtoner Kongreß eine Vielzahl von Gesetzen, die die Lotterie durch Beförderungsverbote von Losen durch die *U.S. Mail* direkt und durch das zeitgemäße Vorgehen gegen Monopole indirekt traf. Die Einzelstaaten zogen nach, so daß „by 1930, 45 states had also banned lotteries. Indeed, 35 states outlawed the games in their constitutions."[40]

---

[38] Chafetz. S. 297ff
[39] Weinstein & Deitch. S. 11
[40] Blakey Lottery. S. 71

2.5. <u>1900 - 1930:</u> *Progressive Movement* **und** *Roaring Twenties*

Was sich vor der Jahrhundertwende in der scharfen Vorgehensweise gegen die *Louisiana Lottery* schon abzeichnete, setzte sich im neuen Jahrhundert fort. Eine neue *anti-gambling*-Welle brach über den profitgierigen Spielern und deren korrupten Förderern in den Behörden zusammen. Eine allgemeine Reformbereitschaft zog sich durch alle Gesellschaftsschichten des gesamten Landes. Ihren Ursprung hatte sie in der populistischen Bewegung im Mittleren Westen der 1870er. Die moralischen Vorstellungen der Landbevölkerung, die gegen den übermächtigen Einfluß der Industriemonopole aufbegehrte, fanden zunehmend Zugang zu den etablierten politischen Kräften. Das *Progressive Movement* setzte, wiederum von religiösen Aktivisten unterstützt, in den ersten beiden Dekaden des 20. Jahrhunderts die gemeinhin provinziellen und radikalen populistischen Gedanken in die politische Praxis um.

> In cities like Cleveland, Detroit, Pittsburgh and Buffalo, before World War I, gambling, along with whisky and white slavery, was the target of a great movement supported by prudes, fanatics, and honest reformers.[41]

Mit einem nationalen Feldzug gegen den Alkohol wollte man auch die aus ihm abzuleitenden kriminellen Aktionen unterbinden. Es war jedem klar, besonders der Polizei, was sich in den Hinterzimmern der Saloons, Bars und Poolrooms abspielte. Die Bemühungen der Reformer kulminierten im 18. Verfassungszusatz, dem *Volstead Act* von 1919.

---

[41] Chafetz. S. 395

In den zwei Jahrzehnten zuvor setzte auf lokalem Gebiet eine Verschärfung der Maßnahmen gegen professionelle Spieler ein. In New York City begann, zum Beispiel, der 1900 neu gewählte Oberstaatsanwalt William T. Jerome einen Kreuzzug gegen das Glücksspiel, dem sogar der große Richard Canfield zum Opfer fiel. Doch die illegale Glücksspielbranche war ihren gesetzestreuen regionalen Gegnern einen Schritt voraus. Durch die stets verbesserten Möglichkeiten, die großen Entfernungen zwischen den Städten zu überbrücken, entstanden städteübergreifende Syndikate, die eine temporäre lokale Verfolgung durchaus verkraften konnten. Die Organisation von Glücksspiel, die schon zu Beginn des 19. Jahrhunderts durch die Verpflichtung von legalen *lottery brokers* einsetzte und sich über Zusammenschlüsse von *card sharpers* auf den Raddampfern der 1840er und von *policy dealers* und *bookies* in den Ballungszentren der Jahrhundertwende fortsetzte, nahm nun neue Formen an. In der Praxis bedeutete dies, daß die Telegraphennetze der *Western Union* zur Übertragung von Wettinformationen benutzt wurden. Als Verstrickungen von *Western Union*-Angestellten mit Buchmachern bekannt wurden, beschränkte die Gesellschaft unter nationalem Druck die Weiterleitung von Wettinformationen.

Das begünstigte wiederum die großen *Intercity Syndicates*, die ihr Kapital in den Aufbau eigener Kommunikationsnetze investierten. Der Chicagoer Medien-Zar Moe Annenberg ist in diesem Zusammenhang hervorzuheben. Durch die Benutzung der *networks* konnten kleine Buchmacher aus verschiedenen Städten Informationen erhalten und besonders riskante Wetten bei kapitalstarken *bookies* absichern. Arnold Rothstein gestaltete dieses sogenannte *layoff*-System und fiel ferner durch seine Verwicklung in den berühmten *Black Socks-Scandal* von 1919 auf.[42] *Fixed events* oder kriminelle

---

[42] Blakey Law. S. 185

Inszenierungen, wie sie, zum Beispiel, in George Roy Hills Film *The Sting* nachempfunden sind, waren in dieser Periode an der Tagesordnung. Die Tatsache, daß ab 1910 nur noch in Kentucky und Maryland legal Wetten auf Pferderennen abgeschlossen werden konnten, war bei dem hervorragend ausgebauten Flechtwerk des illegalen Glücksspiels von nebensächlicher Bedeutung. Da die Einzelstaaten trotz repressiver Gesetzgebung auf verlorenem Posten standen, versuchte man auf Bundesebene mit dem *Volstead Act* die allgemeine Moral und Ordnung wieder herzustellen. Die über vier Mio. heimkehrenden Soldaten und die ausgelassene Stimmung der *Roaring Twenties* ließen jedoch die Nachfrage nach Vergnügen aller Art steigen. Die Unternehmen, die das Bedürfnis an den öffentlich verbotenen Dienstleistungen befriedigten, expandierten trotz oder gerade wegen der Prohibition. David R. Johnson schließt aus seiner Untersuchung über „The Origins and Structure of Intercity Criminal Activity".

> Because intercity criminal syndicates were so common, it is reasonable to assume that the underworld had developed a standardized knowledge about their structure and functions by World War I. Once this experimental phase had established the basic principles, criminals could apply them to their particular needs. ... the underworld had thoroughly absorbed the lessons of the formative years in intercity criminal organizations.[43]

Diese Aussage beschreibt genau die Entwicklung vom reinen, professionellen Glücksspielunternehmen eines Richard Can-

---

[43] Johnson, David R. „The Origins and Structure of Intercity Criminal Activity 1840-1920".
Crime and Justice in American History. Bd. 8: „Prostitution, Drugs, Gambling and Organized Crime".
Monkkonen, Eric H.(Hg.). München (1992). S. 509

field bis hin zu den Organisationen der 1920er und 30er, die in allen kriminellen Bereichen tätig waren. Die *gentlemen-gamblers* wurden von „Leading bootleggers ..., some 20 to 28 years old when prohibition began. ... some 50 percent were of Jewish background, 25 percent of Italian background, and the rest primarily Irish and Polish"[44], abgelöst. Neben der von der Mehrheit der Amerikaner getragenen Politik der Kriminalisierung von Glücksspiel und Alkohol hatte sich eine kriminelle Macht in den U.S.A. gebildet, die in jeder Hinsicht unabhängig von *law and order* agieren konnte.

---

[44] Haller, Mark H. „The Changing Structure of American Gambling in the Twentieth Century".
Journal-of-Social-Issues 35.3 (1979). S. 315-16

2.6. <u>1930 - 1950:</u> *Great Depression* **und** *New Deal*

> In the summer of 1929 four and a half million Americans had entrusted all or part of their life savings to five hundred investment trusts... As long as prices kept on going up, nobody seemed to care.[45]

Am 24. Oktober 1929, dem „Schwarzen Donnerstag", fielen die Aktienkurse am New Yorker *Stock Exchange* ins uferlose. Als sich die *Wall Street* auch an den folgenden Tagen nicht erholte, war klar, daß die einzig legale Form des Glücksspiels dieser Zeit in den U.S.A. nicht nur die stärkste Wirtschaftsmacht selbst, sondern die gesamte Welt in ihre tiefste Wirtschaftskrise stürzte. Für das *gambling* in den Vereinigten Staaten bedeutete die folgende *Great Depression* dagegen insgesamt eine Phase der Entkriminalisierung.

Das Scheitern der restriktiven Alkoholpolitik, die den Aufstieg des „Organisierten Verbrechens" förderte und die prekäre Situation in den Etats von Bund und Ländern setzten liberale Kräfte in Politik und Gesellschaft frei.

In ihrer Finanznot griffen die Einzelstaaten zum traditionellen und bewährten Mittel, aus der Spielleidenschaft ihrer Bürger Nutzen zu ziehen. Die moralisch vertretbarste Form des Glücksspiels war zu dieser Zeit das Pferderennen. Freilich war auch der Pferdesport von der allgemeinen Reformbewegung der Jahrhundertwende betroffen. Dies war auf das negative Image der Buchmacher zurückzuführen. Aus verständlichen Gründen lehnten die *bookies* während der Boom-Zeit

---

[45] Chafetz. S. 440

nach dem Bürgerkrieg die Einführung des 1864 in Frankreich konzipierten *pari-mutuel*-Systems ab.[46]

Bei diesem System wettet man nicht gegen den *bookie*, sondern gegen die anderen Mitspieler. Das heißt, daß die Gewinne aus einem Pool von angesammelten Wetteinsätzen minus der vorher festgesetzten Marge für den Rennveranstalter ausgezahlt werden. Die Gewinnsumme errechnet sich aus den auf jedes einzelne Pferd gesetzten Einsätzen. Dies bedeutete für den Tipper eine gerechte Gewinnaufteilung und faktisch eine Auszahlungsgarantie, da die Existenz eines Buchmachers, der sich überreizen konnte, nicht vorgesehen war.

Als immer mehr Staaten die Rennbahnen zu schließen drohten, opferten die Besitzer die Buchmacher. Während den *bookies* nichts anderes als der Rückzug in die illegalen *poolrooms* übrigblieb, versuchten die Bahneigner die Politiker von den Vorzügen des neuen Wettsystems zu überzeugen. Der durch eine Legalisierung zu erwartende Rückschlag für das „Organisierte Verbrechen" sowie die kontinuierliche Verbreitung der unbestechlichen Buchmacherautomaten auf den Rennbahnen verlieh den finanziellen Bemühungen der Volksvertreter eine Aura von Vertrauen und Rechtschaffenheit. In den 1940ern bezogen 25 Staaten regelmäßige Einkünfte aus legalen Pferdewetten.[47] Zur Beaufsichtigung des ordnungsmäßigen Ablaufs des Rennbetriebes setzten die Einzelstaaten *State Racing Commissions* ein. Mitglieder dieser Kommissionen hatten meist zusätzlich Sitze in *Jockey Clubs*, die die Interessen der Züchter und Rennveranstalter in manchen Staaten vertraten.

Erstaunlicher als die positive Zuwendung der Gesetzeshüter zum Glücksspiel ist die analoge Reaktion bei einigen religiö-

---

[46] Longstreet. S. 190
[47] Weinstein & Deitch. S. 13

sen Institutionen. Die größte *anti-gambling*-Kraft in der amerikanischen Gesellschaft bediente sich ab den dreißiger Jahren des Bingos, einer Unterart der gesetzlich besonders geächteten Lotterie, um ihre leeren Klingelbeutel zu füllen. Eingrenzend muß man sagen, daß Bingoveranstaltungen vorwiegend von katholischen Gemeinden veranstaltet wurden. Der Baptist Larry Braidfoot liegt wohl richtig, wenn er von einer „wide toleration and practice of charitable gambling in Catholic and Jewish circles"[48] spricht. Karitative Formen des Glücksspiels stellten aus diesem Grunde ein Problem für die Ordnungsmacht dar, die aus ethischen Beweggründen oftmals beide Augen zudrückte. In den Folgejahren begannen sich die scharfen Gesetze gegen wohltätige Verlosungen aufzulockern. Der Eingriff krimineller Personen in mildtätige Veranstaltungen blieb natürlich nicht aus. Die nationale *gambling*-Kommission von 1974 gab deshalb noch Jahrzehnte später die Empfehlung ab, keinen Unterschied bei der staatlichen Regulierung von kommerziellem und karitativem Bingo zu machen.

Einen konsequenteren Weg in Richtung Legalisierung von Glücksspiel schlug Nevada ein. 1931 wurden die gesetzlichen Weichen für die Entstehung einer Oase für Vergnügung suchende Menschen und professionelle Spieler aus dem Südwesten der U.S.A. gestellt. Der seit dem *New Deal* forcierte Ausbau der Infrastruktur, besonders des *Highway*-Systems, ließen den verschlafenen Spielerort Las Vegas inmitten der Wüste des *Great Basin* ab den vierziger Jahren zu einem Mekka der Unterhaltungs- und Freizeitindustrie werden. Das Aufblühen von Las Vegas stellt gleichzeitig die Vollendung der Bemühungen der Bosse der *Intercity Syndicates* dar, ihr illegal erwirtschaftetes Vermögen in legalen Unternehmen zu investieren und somit „reinzuwaschen". Aus den *bootleggers*

---

[48] Braidfoot. S. 192

wurden nach dem Ende der Prohibition im Jahre 1933 normale Alkoholgroßhändler. Ihre gesetzeswidrigen Ambitionen im Kasinogeschäft versuchten sie auf die Staaten auszuweiten, in denen die *anti-gambling*-Front zu bröckeln begann. In Nevada fanden sie, nachdem Florida den Betrieb seiner vorübergehend gesetzlich erlaubten *slot machines* wieder einstellte, einen fruchtbaren Boden für ihre Bestrebungen, angesehene Geschäftsleute zu werden. 1946 eröffnete Benjamin „Bugsy" Siegel, der Betreiber des größten Informationsnetzes der Westküste, mit dem *Flamingo* das erste der großen Kasinohotels und legte somit den Grundstein zum Las Vegas *Strip*. Von großer Einflußnahme war zudem die Einflußnahme der Alkoholschmuggler der Prohibitionszeit in das Wettgeschäft und gleichzeitig die massiven Anstrengungen dieser Gruppe, in Las Vegas Fuß zu fassen.

2.7. <u>1950 - 1978: *Kefauver Committee* und *The Boardwalk*</u>

Wie schon nach vorherigen Kriegen, war nach dem Ende des Zweiten Weltkrieges das Bedürfnis nach Unterhaltung enorm groß. Der Aufstieg der U.S.A. zur absoluten Wirtschaftsmacht bedeutete Arbeit und steigenden Wohlstand auch für die mittlere Gesellschaftsschicht, die von der „Großen Depression" besonders getroffen worden war. Die traditionelle Verbundenheit mit den puritanischen Vorstellungen von Arbeit und Moral ließ die amerikanische Mittelschicht, unter periodisch starker Einflußnahme der protestantischen Kirchen, zur *anti-gambling*-Basis werden. Die angesprochene Legalisierung einzelner Glücksspielarten und die kirchliche Duldung von karitativen Verlosungen bewirkte eine allgemeine Reduzierung der konventionellen Antipathie der *Middle Class* gegenüber dem Glücksspiel. Das Resultat einer Umfrage des *American Institute of Public Opinion* im Jahre 1940 offenbarte, daß 54 % aller volljährigen Amerikaner an Glücksspielen teilnahmen.[49] Durch die Dunkelziffer derer, die nicht zugaben zu spielen, dürfte die reale Zahl noch erheblich darüber gelegen haben.

Widerstände gegen die generelle Ausweitung des Glücksspiels in den U.S.A. keimten Anfang der fünfziger Jahre *direkt* aus der Politik auf. Die Kontrolle über das Glücksspiel war, wie im vorigen Abschnitt beschrieben, in die Hände des *Organized Crime* gelangt. Der nationale Aufbau der Syndikate erforderte eine nationale Gegenwehr durch die Politik. 1950 richtete der U.S. Senat ein Komitee zur Untersuchung des „Organisierten Verbrechens" unter Vorsitz von Senator Estes

---

[49] Chafetz. S. 449

Kefauver ein. Das Fazit dieser zweijährigen Analyse erschütterte Bevölkerung und Kongreß. Angemessene gesetzliche Maßnahmen auf diese Reaktion erfolgten jedoch nicht. Dennoch stammen einige der heute bestehenden nationalen Gesetze zur besseren Kontrolle der illegalen Glücksspielindustrie aus dieser Zeit: Der *Johnson Act* betraf speziell die Vermehrung und Verteilung der populären Spielautomaten. Zudem sollten fiskalische Verordnungen, wie die *Wagering Excise Tax* und die *Wagering Occupational Stamp Tax*, das Geschäft mit dem Glück unattraktiver machen.

Die *Gambling Syndicates* reagierten, nachdem auch die Einzelstaaten die Gesetze und deren Nachprüfung verschärften, auf das unwirtliche Klima im Land mit der Konzentration ihrer Kräfte auf Nevada. Las Vegas wurde zur *boomtown* U.S.A. Ab den 1950ern schossen die Casinokomplexe des *Strip* wie Pilze aus dem Boden. Der expandierende Personenluftverkehr ließ aus dem regionalen Markt ein Spielerparadies von internationaler Reputation entstehen. Die Wucht, mit der die Mafia den verträumten Staat traf, kommentiert Rufus King, Mitglied vieler *anti-gambling*- und *Organized Crime*-Kommissionen der fünfziger und sechziger Jahre, folgendermaßen:

> In their time they corrupted and controlled police departments and city governments in some of our great cities; overwhelming an unsophisticated little western State which had always been tolerant of mildly crooked public officials would be a child's game for them.[50]

Die Steuerbehörde Nevadas, mit der Kontrolle des Glücksspiels und der Lizenzvergabe beauftragt, war völlig überfordert. Erst mit Installation des *Nevada Gaming Policy Boards* im Jahre 1961 und dem nachfolgenden Ausbau dieser Behör-

---

[50] King. S. 124

de wurde eine Besserung der Zustände erreicht. Ab Mitte der sechziger Jahre zogen sich die berühmt-berüchtigten *ex-bootleggers* langsam aus dem Geschäft zurück. Howard Hughes, der legendäre Multimilliardär, kaufte ab 1967 einige der großen Kasinos auf und nachdem bis 1969 die gesetzlichen Grundlagen geschaffen waren, eroberten große Gesellschaften der Medien- und Hotelbranche die Vormachtstellung in Las Vegas.[51]

Bei der Bekämpfung des „Organisierten Verbrechens" auf nationaler Ebene ist, neben dem genannten Senator Kefauver, noch Robert Kennedy zu nennen. Als führendes Mitglied des *McClellan Committee* und als Justizminister im Kabinett seines Bruders war er maßgeblich an der Verabschiedung einiger das Glücksspiel betreffender Gesetze beteiligt.

Trotz aller diesbezüglichen Bemühungen auf bundes- und einzelstaatlichem Niveau war die *Commission on the Review of the National Policy toward Gambling* („Kommission") auch 1976 weiterhin von der Existenz krimineller Großorganisationen überzeugt:

> Organized crime leaders today are less ostentatious than their predecessors .... they are generally more discreet in their numerous business dealings, more eager to avoid publicity, and considerably less blatant in their relationship to city and State politics.[52]

Die „Kommission" selbst wurde durch den *Organized Crime Control Act* von 1970 ins Leben gerufen. Grob gesagt sollte

---

[51] Haller, Mark H. „Bootleggers and Businessmen: From City Slums to City Builders".
Crime and Justice in American History. Bd. 8: „Prostitution, Drugs, Gambling and Organized Crime".
Monkkonen, Eric H.(Hg.). München (1992). S. 308
[52] Helsing. S. 170

ihre Aufgabe im Zusammentragen aller Informationen über die verschiedenen Formen des legalen und illegalen Glücksspiels liegen. Durch eine Auswertung der Daten sollte sie bestehende Verordnungen beurteilen und Empfehlungen für Bundesregierung und Einzelstaaten abgeben, die sich durch die Legalisierung von Glücksspiel eine zusätzliche Einnahmequelle erhofften. Insgesamt gesehen wurde mit den anderen Teilen dieses Gesetzeswerkes nach den Bestimmungen der Kennedy-Zeit noch einmal die Position Washingtons im Kampf gegen Intrigen und Korruption der *interstate criminals* gestärkt.

Abgesehen von der Entwicklung in Nevada sind für den Zeitraum bis 1978 noch drei Legalisierungsbestrebungen hervorzuheben, die richtungsweisend für ähnliche Vorgänge in anderen Staaten waren. Zum ersten Mal seit dem Verbot der *Louisiana Lottery* entstand 1964 in New Hampshire eine staatliche Lotterie. 1971 legitimierte der Staat New York das *Off-Track Betting (OTB)*, welches bis dahin die Domäne der illegalen Buchmacher war und, wie schon erwähnt, entscheidend an der Entwicklung der *gambling syndicates* zu Beginn des Jahrhunderts beteiligt war. 1978 wurde, wenngleich die „Kommission" in ihrem Abschlußreport von 1976 zur äußersten Vorsicht geraten hatte, das erste legale Kasino an der Atlantikküste eröffnet. Der *Boardwalk* in Atlantic City, New Jersey ist heute ebenso bekannt wie sein Pendant, der *Strip* in Las Vegas.

2.8. <u>Zusammenfassung</u>

Nachdem die entscheidenden Ereignisse der Geschichte des Glücksspiels in den U.S.A. chronologisch zusammengetragen wurden, sollen nun die wichtigsten Erkenntnisse herausfiltert werden. Hierzu werden die Geschehnisse aus vier verschiedenen Perspektiven rekonstruiert: einer historischen, einer kulturellen, einer politischen und einer sozialen. Ziel soll es sein, die jeweiligen limitierenden Faktoren für Hochkonjunktur und Depression beim Glücksspiel in den U.S.A. zu definieren.

2.8.1. <u>Historische Folgerungen</u>

In der Zeitspanne von 1607 - 1978 sind in denen zur Union gehörenden Staaten regelmäßige Schwankungen in der grundsätzlichen Akzeptanz des Glücksspiels festzustellen. Exakte wissenschaftliche Zahlen über die Teilnahme am *gambling* sind nicht existent. Auch in aktuellen Studien wird auf Schwierigkeiten beim Zusammentragen von verläßlichen Informationen hingewiesen, da viele Auskünfte der Befragten zu bezweifeln sind. Immer noch ist das öffentliche Eingestehen von Wettaktivität ein gesellschaftliches Tabu. Aus dem historischen Kontext heraus lassen sich dennoch folgende Hauptfolgerungen für das nationale Interesse am Glücksspiel ableiten:

a) Ein Maximum an Spielaktivität ist in Zeiten nach internationalen Krisen und kriegerischen Konflikten zu erkennen.

b) Minima werden im Anschluß an die Bekanntgabe von nationalen Glücksspielskandalen und die Entstehung darauf reagierender Reformbewegungen gewahr.

2.8.2. <u>Kulturelle Folgerungen</u>

Von Beginn an war der Umgang mit dem Glücksspiel durch Traditionen aus den Stammländern der Emigranten bestimmt. Die homogene Gesellschaftsstruktur der frühen Besiedlungsphase geriet schon im Laufe des 17. Jahrhunderts durch die Immigranten aus anderen westeuropäischen Staaten ins Wanken. Seit etwa 1820 lag die Hauptquelle der Emigrantenströme in katholischen Ländern wie Irland und den südosteuropäischen Staaten. Mitte des 19. Jahrhunderts verbreitete sich das gewerblich organisierte Glücksspiel von der Ostküste aus über die gesamte U.S.A. Die führenden Persönlichkeiten rekrutierten sich fast ausschließlich aus der zweiten Generation der Einwanderer, deren Herkunft in den eben genannten Ländern lag oder die semitischer Abstammung waren. Im Süden war New Orleans mit seiner kreolischen Bevölkerung auch nach seiner Eingliederung in die Union ein bekanntes Verbreitungsgebiet neuer Formen des *gambling*. Insgesamt kann über die kulturellen Einflüsse auf die Verbreitung des *gambling* in den U.S.A. resümiert werden:

a) Der freizügige Umgang von Immigranten anderer Kulturen und Konfessionen mit dem Glücksspiel verursachte dessen Popularisierung in der gesamten Nation. Internationale Krisensituationen und diese Feststellung bedingen sich gegenseitig.

b) Orthodox-protestantische Kirchenmitglieder begegnen traditionell dem Glücksspiel kritischer als Katholiken oder Angehörige anderer Glaubensrichtungen. Sie waren meist die treibende Kraft der Reformbewegungen, die auf große Glücksspielskandale reagierten. Das „Puritanische Erbe" bestimmt in einem gewissen Maße bis heute die essentiellen Moralvorstellungen eines Großteils der Amerikaner.

2.8.3. <u>Politische Folgerungen</u>

Die Staatsführung ist für das Wohlergehen und die Verbreitung des Glücksspiels in der Gesellschaft von außerordentlicher Bedeutung. Politiker entscheiden über Legalität und Illegalität dieses Gewerbes. Sie geben den Kontrollorganen durch strenge Gesetze eine Handhabe zur Verfolgung von Kriminellen. Die Entscheidungsgewalt rückt sie zwangsläufig in den Mittelpunkt vieler Interessen. Das Dilemma der in regelmäßigem Rhythmus wählbaren Amtsinhaber ist es, das Allgemeinwohl mit dem Fortbestand der eigenen Machtposition zu koordinieren.

a) Politiker fördern die Legalisierung von Glücksspiel, um Defizite im Staatsetat auszugleichen, ohne ihre Wähler durch Steuererhöhungen verstimmen zu müssen. Staatliche Einnahmen aus legalem Glücksspiel werden als „freiwillige Abgaben" angesehen, die in bestimmten Situationen wie in volkswirtschaftlich schlechten Zeiten, besonders begehrenswert sind.

b) Die exponierte Stellung politischer Entscheidungsträger und ihrer ausführenden Organe machen sie zum Ziel von Bestechung aus Kreisen des „Organisierten Verbrechens". Korruption zählt zu den häufigsten Ursachen für national bedeutende Skandale.

2.8.4. <u>Soziale Folgerungen</u>

Im Verlauf der Geschichte fällt immer wieder auf, daß es im Interesse der wohlhabenden und einflußreichen Elite war, das Glücksspiel als beliebte Freizeitbeschäftigung zu erhalten. Menschen aus den untersten Klassen sahen im *gambling* die Chance, schnell in der Gesellschaft aufzusteigen. Um die festgelegten Ziele zu erreichen, ist eine Rechtswidrigkeit der

Mittel für diese beiden Gruppen von nebensächlicher Bedeutung. Im Gegensatz dazu ist die Mittelschicht als moralische Basis der amerikanischen Gesellschaft, dem Spiel eher abgeneigt. Die Mobilisierung ihrer Kräfte ist für eine Hausse oder eine Baisse im Glücksspielgewerbe entscheidend.

a) Eine tolerante Haltung der Mittelklasse sorgt für ein freundliches Klima für das Glücksspiel in den U.S.A. Die Entkriminalisierung moralischer Tabus und die Toleranz der *Middle Class* sind eng miteinander verknüpft.

b) Im Gegensatz dazu resultieren negative Ereignisse in Anstrengungen des Mittelstandes, die Moral im Lande wiederherzustellen. Der Effekt ist eine Verschärfung der *gambling*-Gesetze und deren Kontrolle, denn Wählerstimmen aus der Mittelschicht sind der Grundstock für den Erfolg jedes Amtsinhabers.

Die Interdependenz der genannten acht Hauptfolgerungen erklärt die Schwankungen in der allgemeinen Akzeptanz des Glücksspiels in der Geschichte der U.S.A. Der stark föderale Aufbau der Vereinigten Staaten bedingt eine einzelstaatliche Gesetzeshoheit auf dem Gebiet des *gambling*. Die Gesellschaftsstruktur, der Einfluß von verschiedenen Religionen und Kulturen und der unterschiedliche Entwicklungsstand der Verfassungen in den Staaten der Union bewirkten heterogene Handlungsweisen innerhalb gleicher Zeitabschnitte.

Grundsätzlich läßt sich folglich ein stark ambivalentes Verhalten gegenüber dem Glücksspiel sowohl bei der Bevölkerung als auch bei der Staatsführung feststellen. Der Befund aus den hervorgehobenen vier Bereichen bestätigt dies für das Glücksspiel als Gesamtkomplex. Darüber hinaus ist die Divergenz auch in der Beurteilung der verschiedenen Formen des *gambling* zu konstatieren.

Thomas Jeffersons „Thoughts on Lotteries" sind charakteristisch für die Klassifikation von Glücksspielen im Laufe der Zeit.

> Almost all these pursuits of chance produce something useful in society. But there are some which produce nothing, and endanger the well-being of the individuals engaged in them or of others depending on them. Such are games with cards, dice, billiards etc.[53]

Die Lotterie nahm demgemäß bis zum Ende des 19. Jahrhunderts eine Sonderstellung unter den Glücksspielformen ein. Weil sie mit einer Tradition der staatlichen Autorisierung in England aufwarten konnte und ihre Erlöse für das Allgemeinwohl verwendet wurden, waren religiös-moralische Gegenargumente nur schwer zu formulieren. Pferderennen und karitative Bingoveranstaltungen sind ähnliche Beispiele für Glücksspielarten, die in einem generell feindlichen Milieu eine breite Akzeptanz in der Öffentlichkeit erfuhren.

---

[53] Bergh & Lipscomb. Bd. XVII. S. 449

3. <u>Die politische Bedeutung der Legalisierung des Glücksspiels</u>

> It took six decades for gambling to become America's Pastime, from the legalization of Nevada casinos in 1931 to April Fool's Day 1991, when Davenport, Iowa, launched the Diamond Lady, the nation's first legal riverboat casino. The gradual creation of 37 state lotteries broke down the public's mistrust, conveying a clear message that the government sanctioned gambling.
>
> *James Popkin in US News & World Report vom 14.03.1994*
> [*]

Der Journalist sieht in seinem Artikel von 1994 in der Entwicklung des Glücksspiels vom öffentlichen Ärgernis zur beliebtesten Freizeitbeschäftigung in den U.S.A. alles andere als einen Scherz. Die unkritische Einstellung gegenüber dem Glücksspiel-Boom, die die Mehrheit der Amerikaner gegenwärtig erkennen läßt, diagnostiziert er als besorgniserregend. Er zeigt jedoch gleichzeitig Verständnis für das Verhalten seiner Landsleute, deren Skepsis durch die kontinuierlich steigende Legalisierung in den Vereinigten Staaten beseitigt wurde.

Die <u>Abbildungen 1 und 2</u> geben vorab einen Einblick über das intensive Wachstum des legalen Glücksspiels in den U.S.A.

---

[*] Popkin, James. „America's Gambling Craze“. *US News & World Report* 116.10
(14. März 1994). S. 42-43.

Abbildung 1:
Anzahl der Staaten mit legalisiertem Glücksspiel in den U.S.A.

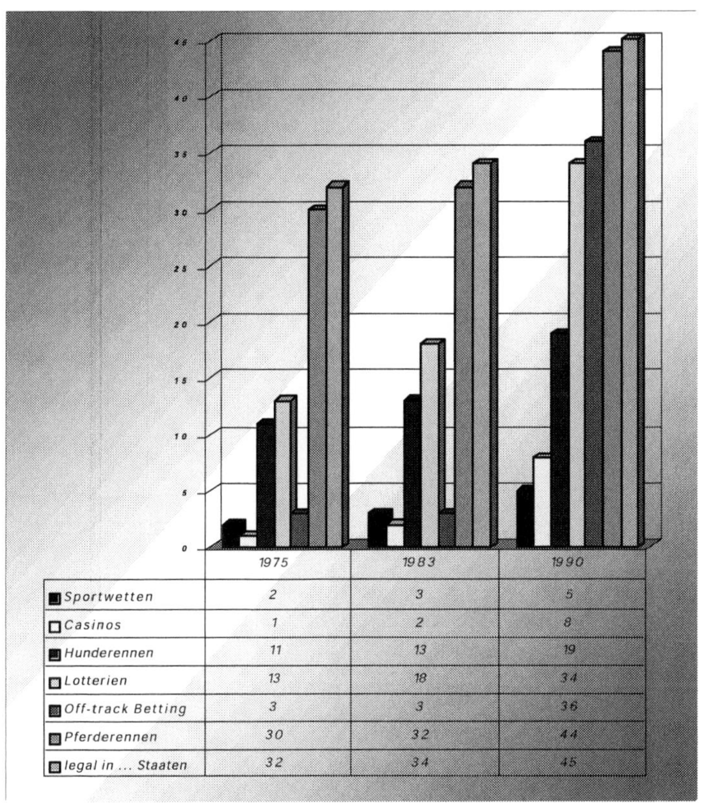

	1975	1983	1990
■ Sportwetten	2	3	5
□ Casinos	1	2	8
▣ Hunderennen	11	13	19
▣ Lotterien	13	18	34
▣ Off-track Betting	3	3	36
▣ Pferderennen	30	32	44
▣ legal in ... Staaten	32	34	45

Quellen:
US Commission on the Review of the National Policy toward Gambling. *First interim report.*
Washington (1975). S. 15-16
League of Women Voters of Pennsylvania. *Legalization of gambling in Pennsylvania.* Philadelphia (1984). S. 5
Worsnop, Richard L. „Lucrative Lure of Lotteries and Gambling."
Editorial Research Reports 1.41 (9. Nov. 1990). S. 633-647

Abbildung 2:
Gewinn- und Umsatzentwicklung im legalen Glücks-spielgewerbe in den U.S.A.

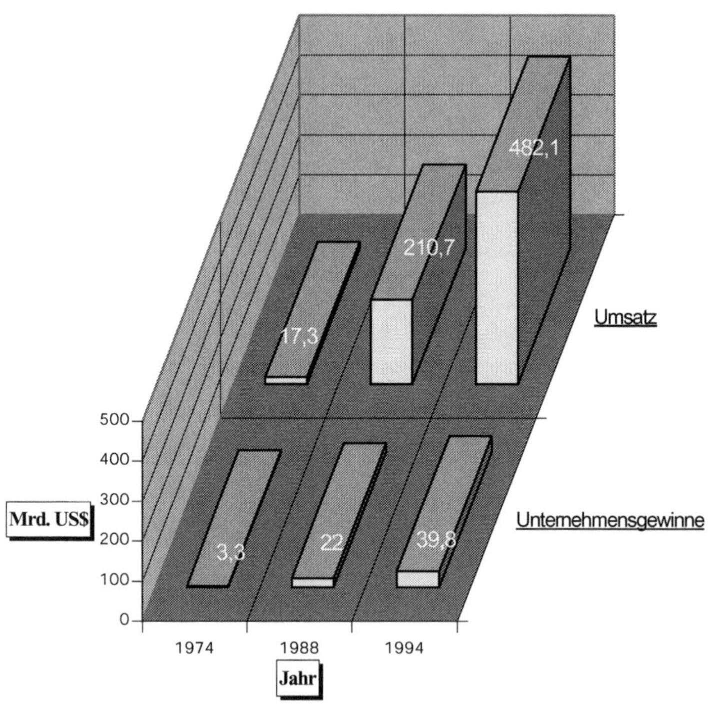

Quellen:
Shapiro, Joseph P. „America's Gambling Fever." *US News & World Report* (15. Jan. 1996). S. 57
Kallick-Kaufmann,-Maureen. „The Micro and Macro Dimensions of Gambling in the United States"
Journal-of-Social-Issues 35.3 (Sommer 1979). S. 19
--. „On a Roll." *The Economist*. (20. Jan. 1994). S. 29-32

54

In diesem Kapitel sollen die Beweggründe der Regierungen für die Entkriminalisierung des *gambling* in den letzten 20 Jahren näher beleuchtet werden. Die *Commission on the Review of the National Policy toward Gambling* hatte, wie aus ihrem Namen hervorgeht, eine wichtige Bedeutung für die politischen Aktivitäten auf diesem Sektor. Ausgelöst durch ihre Tätigkeit wird seit Mitte der siebziger Jahre kontinuierlich diesbezügliches Zahlenmaterial gesammelt. Die demoskopische Untersuchung des *Survey Research Centers of the University of Michigan* von 1975, die von der „Kommission" initiiert wurde, war lange Zeit die wissenschaftliche Basis für die diesbetreffende Forschung. Im Rahmen dieser Umfrage wurden damals 2032 Personen, davon 296 aus Nevada zum Thema *gambling* interviewt. Anhand von Fakten aus Zeitschriften und Zeitungen aus der Zeit nach der „Kommission" bis in die Gegenwart soll weiterhin ein Bild über die augenblickliche Situation des legalen Glücksspiels in den U.S.A. geschaffen werden. Neue und alte Argumente der Glücksspielbefürworter können nun durch wissenschaftliche Daten kritisch beleuchtet werden. Doch bevor die Entwicklung des Glücksspiel-Booms der letzten zwei Dekaden in den Vereinigten Staaten sowie seine bisher absehbaren Folgen auf Politik und Wirtschaft diskutiert werden, ist es nötig, einen Blick auf das auslösende Moment zu werfen.

3.1. <u>Ursache für den gegenwärtigen Legalisierungs-Boom</u>

Der Ursprung für den Aufschwung des legalen Glücksspiels, der bis heute andauert, liegt im Jahr 1964. In New Hampshire wurde damals die erste staatliche Lotterie der U.S.A. im 20. Jahrhundert ins Leben gerufen. Auf den ersten Blick ist diese politische Aktion kaum verständlich, wenn man die gute wirtschaftliche Situation der Vereinigten Staaten zu diesem Zeitpunkt betrachtet. Nach dem Zweiten Weltkrieg hatten sich die Vereinigten Staaten zu einer Wohlstandsgesellschaft entwikkelt. Das kontinuierliche Wirtschaftswachstum brachte einer breiten Bevölkerungsschicht Arbeit und Vermögen. Laut Manfred Berg betrug das reale jährliche Wachstum des Bruttosozialprodukts zwischen 1947 und 1970 durchschnittlich vier %, die Arbeitslosigkeit ging in diesem Zeitraum von 17 % auf 5 % zurück und das durchschnittliche Realeinkommen stieg um 80 %.[54]

Als größte Wirtschaftsmacht der Welt wollten die U.S.A. während des „Kalten Krieges" zeigen, daß das kapitalistische System dem des Kommunismus überlegen war. Aus Prestige war die Bundesregierung bestrebt, die sozialen Unterschiede in ihrer Gesellschaft zu nivellieren. Lyndon B. Johnson setzte die Reformideen seines Vorgängers Kennedy in seinem Programm der *Great Society* in die Praxis um. Abgesehen von der Aufwertung der Bürgerrechte fanden in den sechziger Jahren infolgedessen grundlegende soziale Reformen statt.

---

[54] Berg, Manfred. „Die innere Entwicklung der USA seit dem Zweiten Weltkrieg".
Die Vereinigten Staaten von Amerika. Bd. 1. Adams, W.P., u.a. (Hg.). Bonn (1992). S. 190.

Diese Reformtätigkeit wäre wohl beim föderalen System in der Form vor dem *New Deal* kaum möglich gewesen. In einer Phase größter wirtschaftlicher Schwierigkeiten nutzte Franklin D. Roosevelt den Schwächezustand des Kongresses aus, um die Position der Bundesregierung gegenüber den einzelstaatlichen Organen zu stärken. Bundesstaatliche Förderprogramme unterstützten seit dieser Zeit direkt die Kommunen, deren Finanzierungsbedarf nach dem Krieg wegen der verstärkten Urbanisierung anwuchs. Washington konnte somit Einfluß in Körperschaften nehmen, die gewohnheitsgemäß zum Hoheitsgebiet der Einzelstaaten gehörten.

Den positiven Begleitumständen dieser Entwicklung für die Individuen standen eine größer werdende Passivseite in den Regierungsetats und die zunehmende Abhängigkeit der Gebietskörperschaften von Bundesgeldern entgegen. Die Degeneration der hegemonialen Stellung der U.S.A. auf internationaler Ebene und die damit verbundenen Mehrkosten auf militärischem Gebiet, z.B. des Vietnamkriegs und später des Wettrüstens mit der Sowjetunion verursachten beträchtliche Haushaltsdefizite im Bundesetat. Die parallel steigenden Ausgaben versuchten die Einzelstaaten Anfang der siebziger Jahre nach dem Vorbild von New Hampshire mit Einnahmen aus legalisiertem Glücksspiel abzudecken, um die Steuerbelastung ihrer Bürger nicht zu erhöhen. Dieser Trend hielt während der gesamten Dekade an, in der wirtschaftliche Krisen die Inflationsrate und die Arbeitslosenquote auf zweistellige Beträge anschwellen ließen.

3.1.1. Der *New Federalism* als Katalysator

Ronald Reagan versuchte der chronischen Rezession durch eine Neuordnung des Föderalismus zu begegnen. Sein auf Nixon zurückzuführendes Konzept des *New Federalism* umfaßte eine Wiederaufwertung der einzelstaatlichen Kompetenzen, aber auch eine radikale Kürzung der Bundeszuweisungen für die Kommunen. Die Staaten mußten somit verstärkt ihren finanzbedürftigen Gemeinden helfen. Diese Aufgabe schien durch die Abtretung bundesstaatlicher Steuerquellen gewährleistet. Der Vorteil wurde allerdings durch drastische Steuersenkungen der Reagan-Administration egalisiert. Die Hilfszahlungen des Bundes an die Einzelstaaten und Kommunen stiegen von US$100,828 Mrd. im Jahr 1985 auf US$109,835 Mrd. im Jahr 1988, also um durchschnittlich drei % per anno. Für den Zeitraum von 1980 bis 1988 stiegen die Ausgaben der Einzelstaaten allerdings von US$228,223 Mrd. auf US$432,157 Mrd, ein Zuwachs von ungefähr 11,2 % im jährlichen Mittel.[55] Reagans internationale Politik der Stärke ließ den Aufschwung der einheimischen Wirtschaft durch explodierende Verteidigungskosten in den Hintergrund treten. Die Lastenverteilung vom Bund auf die niedrigeren Körperschaften allein konnte das aus diesem Grund inzwischen gigantische Haushaltsdefizit nicht verringern. Am Ende der Reagan-Ära bedienten sich immer mehr US-Staaten einer Vielfalt von legalen Glücksspielformen als Einnahmequelle.

---

[55] Zahlen aus: *Statmaster*.

3.2. <u>Einnahmequelle für den Staatshaushalt</u>

Trotz der eigenen Reformbereitschaft in der Beziehung zum Bund mußten die Volksvertreter der Landesebene erkennen, daß ihre Bürger an ihrer traditionell mißtrauischen Einstellung gegenüber dem Staat festhielten. Praktisch bedeutet dies: Je geringer die Einflußnahme der Regierung auf das alltägliche Leben ist, desto zufriedener ist das Volk. Steigende Abgaben werden von den Amerikanern als unwillkommener Ausbau der Staatsmacht betrachtet und vehement abgelehnt. Als gegenwärtiges Beispiel dafür dient die Wahl Bill Clintons zum Präsidenten. Er hatte 1992 die Reduzierung der riesigen Washingtoner Bürokratie bei simultaner Steigerung ihrer Transparenz in den Mittelpunkt seiner Wahlkampagne gestellt. Das Argument der „freiwilligen Abgabe" ist folglich ein zentraler Begriff im Plädoyer der Politiker für eine Legalisierung des Glücksspiels in ihren Staaten.

3.2.1. *Voluntary Tax*

Dem Staat stehen mehrere Möglichkeiten zur Verfügung, um Gelder aus dem legalen Glücksspielgeschäft abzuschöpfen. Der grundlegendste Unterschied besteht in der Organisationsform. Ist der <u>Einzelstaat selbst der Veranstalter</u> des Glücksspiels, wie bei Lotterien, so behält er sofort einen großen Teil der Einnahmen, meist um die 50 %, und schüttet den Rest als Gewinne wieder aus. Die andere Form ist die <u>Lizenzvergabe an Glücksspielunternehmen</u>, wie beispielsweise im Kasinogeschäft. Zwischen Einzelstaat, Bezirk und Gemeinde werden die **Lizenzgebühren** nach einem bestimmten Schlüssel aufgeteilt. Im Staat Nevada erhielten Staat und Bezirk Ende der siebziger Jahre jeweils ein Viertel der jährlichen Lizenzgebühren, die Gemeinde die Hälfte.[56] Zusätzlich wird eine spezielle **Körperschaftssteuer für Glücksspielunternehmen** gefordert, die von Staat zu Staat höchst unterschiedlich ist. Im Jahr 1990 betrug diese Steuer 6,25 % vom Gewinn der Unternehmen in Nevada, 8 % in New Jersey und jeweils 20 % in Iowa und Illinois.[57] Neben diesen Grundabgaben der Lizenznehmer fordern die Staaten optional Gebühren oder Steuern auf *slot machines*, eine zusätzliche vierteljährliche Lizenzgebühr oder den Glücksspielbetrieb begleitende Steuern, wie zum Beispiel die *Casino Entertainment Tax*, die im Modellstaat Nevada unter anderem auf den Verkauf von Merchandising-Produkten zugreift.

Obwohl die Regelung des Glücksspiels traditionell in den Aufgabenbereich der Länder fällt, profitiert auch die <u>Bundesregierung</u> durch einige Steuergesetze vom Boom in diesem Gewerbe. 1941 wurde die *Occupational Tax on Coin-operated Gaming Devices* in die *U.S. Codes* aufgenommen, die allerdings 1980 wieder annulliert wurde. In den fünfziger Jahren wurden die *Wagering Excise Tax*, die Ende 1974 von 10 % auf 2 % der Bruttoeinnahmen gesenkt wurde und die *Wagering Occupational Stamp Tax*, die im selben Jahr von US$50 auf US$500 angehoben wurde, eingeführt. Die genannten drei Steuern wurden in erster Linie als Mittel zur Bekämpfung des „Organisierten Verbrechens" angesehen. Ausschließlich zur Erzielung von Kapital für den Bundesetat, sind die Einnahmen im Rahmen der allgemeinen Körperschaftssteuer zu sehen. Auch Privatpersonen sind seit 1976

---

[56] Currens, Jerry. *Legalized Gambling*. Lexington (1977). S. 8 (nachstehend angeführt als Currens).
[57] Siler, Charles. „Why Are Las Vegas and Atlantic City Yawning?". *Forbes* (30. April 1990). S. 140.

verpflichtet, Jahresnettogewinne als Teil ihrer Einkommensteuer anzugeben.[58]

Für die Landespolitiker, die durch ihre Nähe zum Volk noch stärker der Kritik der Wähler ausgesetzt sind als ihre Kollegen in Washington, zählen an erster Stelle Fakten. Ein Fakt sind die US$8,4 Mrd., die 1988 insgesamt in die Etats der Lotterie veranstaltenden US-Staaten flossen.[59] Auf den ersten Blick rechtfertigt allein diese Geldsumme, moralische Bedenken gegenüber dem Glücksspiel aus dem Gedächtnis zu verdrängen. Darüber hinaus läßt sich das Produkt *gambling* in der amerikanischen Gesellschaft, in der die Politik generell als Dienstleistungsbetrieb angesehen wird, besser „verkaufen" als Steuern.

Im *Congressional Quarterly* kommentiert Richard L. Worsnop das einträchtige Verhalten von Politikern und Wählern beim Legalisierungsprozeß:

> The willingness of voters and legislators to sanction lotteries and other forms of wagering testifies to the enduring appeal of the argument that legalized gambling should be viewed as a „voluntary tax".[60]

Der Begriff der „freiwilligen Steuer" ist allerdings in sich widersprüchlich. Laut *Meyers Großem Taschenlexikon* sind Steuern „Abgaben, die öffentl.-rechtl. Gemeinwesen natürl. und jurist. Personen <u>zwangsweise</u> (im Unterschied zu öffentl. Erwerbseinkünften und Krediten) und ohne Anspruch auf eine

---

[58] Zahlen aus Helsing. S. 16-18.

[59] --. „On a Roll". *The Economist* (20. Jan. 1990). S. 32.

[60] Worsnop, Richard L. „Lucrative Lure Of Lotteries and Gambling". *Editorial Research Reports* 1.41
(9. Nov. 1990). S. 633 (nachstehend angeführt als Worsnop).

spezielle Gegenleistung zur Deckung des Finanzbedarfs der öffentl. Körperschaften auferlegen."[61]

Staatliche Erträge aus dem *gambling* sind für Verfechter der Legalisierung keine Steuern, sondern freiwillig zu bezahlende Preise für die Teilnahme an einer öffentlichen Dienstleistung. Dem Argument der Glücksspiel-Opposition, daß die Profite der öffentlichen Haushalte aus „Glücksspiel-Steuern" stark regressiv wirken, soll somit widersprochen werden. Dessen-ungeachtet bestätigen Zahlen aus dem Abschlußbericht der „Kommission", daß der finanzielle Vorteil des Staates vor-wiegend auf Kosten der ärmeren Bevölkerung erzielt wird. Auffällig ist die, im Vergleich mit den Reststaaten, weitaus stärkere Regressivität in Nevada, wo die meisten Glücksspiel-formen seit 1931 legal waren. Hierzu werden in <u>Abbildung 3</u> allgemeine Indexzahlen für die Regressivität aufgeführt, die sich aus dem Verhältnis von Teilnahmerate und Einsatzhöhe der jeweiligen Einkommensgruppe errechnet. In <u>Abbildung 4</u> soll dieser Vergleich an den 5 wichtigsten Glücksspielformen graphisch verdeutlicht werden. Insgesamt kann aus den hier dargestellten prozentualen Verteilungen auf eine ausgeprägte Regressivität der Glücksspielabgaben geschlossen werden. So trägt die unterste Einkommensgruppe fast doppelt soviel zum gesamten Wettumsatz bei, wie man es aus ihrer Teilnahme-rate von 9 % erwarten könnte. Bei den Spielern, die mindes-tens sechsmal soviel verdienen, macht dieses Verhältnis ge-rade einmal 28 % aus. Die „Kommission" stellte weiterhin fest, daß die Attraktivität von Glücksspielarten für Bürger mit niedrigen Einkommen mit zunehmend zeitlicher und örtli-cher Verfügbarkeit, der Einfachheit der Spielregeln und der Geringfügigkeit des Kapitaleinsatzes steigt.

---

[61] Meyers Großes Taschenlexikon. Aktualisierte Neuausgabe. Mannheim (1983).

Abbildung 3:
Regressivität bzw. Progressivität verschiedener Glücksspielarten

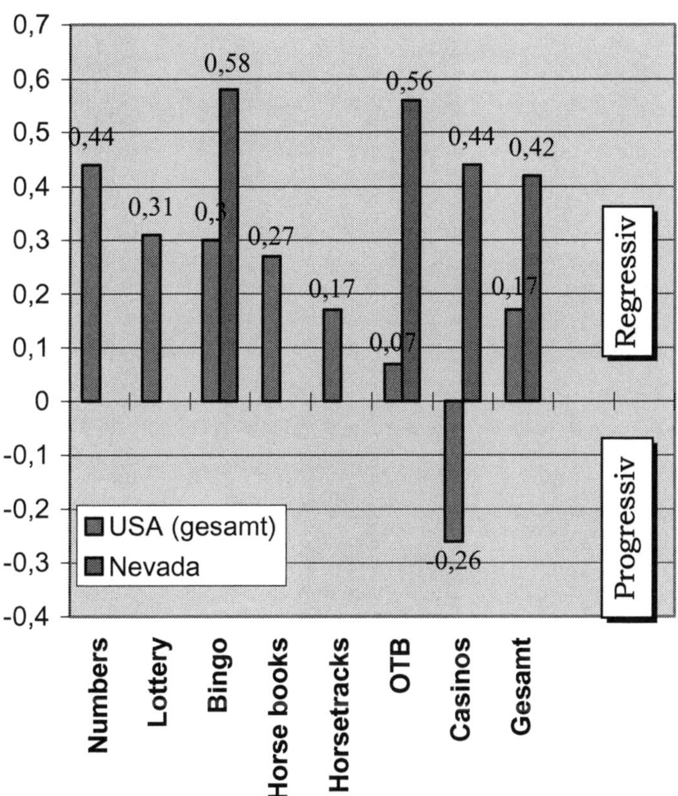

Quelle:
Helsing, Patricia. *Gambling in America*. Final report of the Commission on the Review of the National Policy toward Gambling. Washington (1976). S. 61

Einsatz verschiedener Einkommensguppen

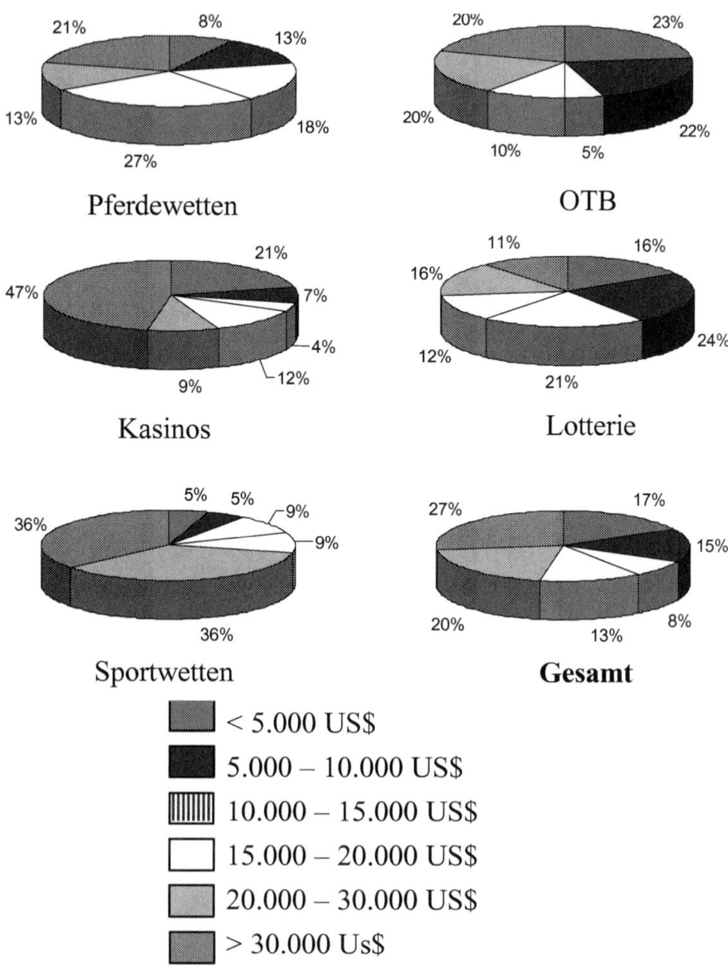

Quelle:
Helsing, Patricia. *Gambling in America*. Final report of the Commission on the Review of the National Policy toward Gambling. Washington (1976). S. 62; Table 4-5.

Ein derartiger Trend ist tatsächlich in der *Gambling Industry* zu beobachten. Die großen Kasinos in Las Vegas oder Atlantic City vergrößern die Fläche für einfach zu bedienende „Einarmige Banditen" auf Kosten der klassischen Karten-, Würfel- oder Roulettetische. Staatliche Lotterieveranstaltungen veränderten sich von halbjährlichen Ziehungen und einem Mindesteinsatz von drei US-Dollar bei der *New Hampshire Lottery* von 1964 zu *Keno* oder *Quick Draw*, bei denen seit 1995 alle 5 Minuten eine Ziehung durchgeführt werden kann. Der Mindesteinsatz der Spieler, die an Terminals in Bars und Restaurants „online" mit einem zentralen Rechner verbunden sind, ist US$1 pro Spiel.[62]

3.2.2. <u>Rettung für leere Haushaltskassen</u>

Ziel der Politiker, die die Legalisierung von Glücksspiel für ihren Staat befürworten, ist in erster Linie die Verbesserung der öffentlichen Etats. Prognostizierte Zahlungsgarantien von Glücksspielunternehmen und erfolgreiche Vorbilder, allen voran Nevada, lassen volle Haushaltskassen innerhalb kürzester Zeit erhoffen. Gemessen am US$22 Mrd. Gewinn der Industrie in 1988 (<u>Abb. 2</u>) relativiert sich der gewaltige Betrag von US$8,4 Mrd., den die Staatsgewalt eingenommen hat, jedoch deutlich. Vergleicht man Glücksspieleinnahmen einzelner Staaten mit der Ertragsseite ihres Gesamtbudgets, errechnet sich für das gleiche Jahr ein Anteil zwischen zwei und vier %.[63] An diesem Posten wird die Ausnahmestellung

---

[62] Zahlen aus: Weinstein & Deitch. S. 16. und

Fisher, Ian. „Looking To a Neighbor, New York Can See Keno Concerns". *NYT*, Late Edition

(24. Aug. 1995) Sektion B: Metropolitan Desk. S. 1.

[63] Aus: *Statmaster*.

Nevadas, dessen Haushaltsplan zur Hälfte aus *gambling dollars* besteht, offenkundig.[64]

Aus dem Befund läßt sich vorab folgern:

a) Staatliche Erlöse aus dem Glücksspiel sind nur eine kleine Zugabe zu den herkömmlichen Steuereinnahmen. Sie können diese weder ersetzen noch Haushaltsprobleme langfristig lösen.

b) Versprechungen der *Gambling Industry* dürfen nicht überbewertet werden, da diese aus rein ökonomischen Motiven handeln, während der Staat auch die sozialen Folgen in Betracht ziehen muß.

c) Nevada kann anderen Staaten wegen seiner sechzigjährigen Erfahrung mit legalem Glücksspiel nützlich sein. Die spezifischen Entwicklungsbedingungen, die Nevada und Las Vegas zu Phänomenen werden ließen, sind jedoch nicht schablonenhaft auf andere Staaten übertragbar.

Euphorische Befürworter propagieren oft ausnahmslos die enormen finanziellen Profite, die legales Glücksspiel für den Staat generieren kann. Die *gambling dollars* fließen je nach Beschluß in den Gesamthaushalt oder werden für spezielle Zwecke verwendet. Diese sogenannten *earmarked programs* sind meist in sozialen, kulturellen oder ökologischen Bereichen angesiedelt.

Die Aufwendungen, die mit der Einführung von legalem Glücksspiel einhergehen, sind allerdings erheblich. Eine Analyse der Verteilung der staatlichen Einnahmen aus dem Kasinogeschäft in New Jersey für das Jahr 1994 zeigt, daß fast ein Drittel des Gewinnes für Verwaltungs- und Bereit-

---

[64] Ullman, Owen. „Can Gambling Solve State Fiscal Problems? Don't Bet On It".
Business Week (15. Nov. 1993). S. 22.

stellungsarbeiten investiert werden muß. 59 % bleiben für das Programm für behinderte und alte Menschen, 9 % fließen in kulturelle und bildungspolitische Projekte.[65]

Auch vom Staat selbst organisierte Lotterien sind eine kostspielige Form von Staatseinkünften. Infrastrukturelle Kosten für die Gemeinden und Staaten fallen zwar im Gegensatz zum Kasinobetrieb nicht an, der bürokratische Aufwand ist dennoch beträchtlich.

> The cost of raising one dollar by lottery, between 15 cents and 40 cents, is far higher than raising a dollar by almost any other form of tax (about 5 cents).[66]

Es wird deutlich, daß Glücksspieleinnahmen für den Gesamtetat eine geringe Bedeutung haben und deswegen kein adäquates Mittel zur Rettung leerer Haushaltskassen sind. Auf den Aufbau und die Funktion des Verwaltungsapparates wird in Abschnitt 4 dieses Kapitels näher eingegangen.

Die von den Programmen profitierenden Ämter, sei es eine kulturelle Einrichtung oder eine städtische Schulbehörde, haben innerhalb kurzer Zeit nach der Legalisierung Grund, sich zu beklagen. Neben moralischen Bedenken angesichts der Geldquelle werden kurioserweise finanzielle Probleme angeführt. Die verantwortlichen Personen verweisen auf Kalkulationsschwierigkeiten mit Glücksspielprofiten, die stark von der Teilnehmerresonanz abhängig sind. Sie befürchten, daß gleichzeitig traditionelle Finanzquellen, wie private oder kommerzielle Spenden, versiegen könnten. Die Politiker reagieren auf die enttäuschten Erwartungen, indem sie zusätzliche legale Glücksspielformen zu etablieren versuchen. Abbil-

---

[65] Glentzer, Molly. „The Great American Gamble". *Modern Maturity* 38.4 (Juli 1995). S. 34
  (nachstehend angeführt als Glentzer).
[66] Blakey Lottery. S. 75.

dung 1 belegt, daß diese Maßnahme verstärkt ab den achtziger Jahren mit ihrer *New Federalism*-Problematik angewandt wird. Standen dem Bürger 1975 im Durchschnitt weniger als zwei legale Wettmöglichkeiten pro Staat offen, steigerte sich diese Zahl 15 Jahre später auf über drei. Das bedeutet ein effektives Wachstum von 73 %. So kann der Anteil der Glücksspieleinnahmen am *General Revenue* eines Staates rasch ansteigen.

> South Dakota, which prides itself on low taxes and ubiquitous gambling opportunities, raised 11 percent of all state revenue from the lottery [for 1994].[67]

Aus Zahlen für 1988 errechnet sich ein Anteil der Lotterieprofite von 1,1 % vom Gesamthaushalt South Dakotas.[68] Zwar wurden in diesem Beispiel niedrige Steuersätze gewahrt, die Abhängigkeit des Staates von den *gambling dollars* ist jedoch größer geworden. Der nächste Schritt folgt dann zwangsläufig. Die Regierungen bemühen sich, die Teilnehmerzahlen am *gambling* durch Werbung zu erhöhen. Besonders die staatliche Vermarktung der Lotterien steht im Brennpunkt der Kritik. Die Glücksspiel-Opposition bemängelt ohnehin schon die Entkriminalisierung aus moralischen und sozialen Gründen. Mit Marketing-Parolen wie die der *New York Lottery*: „We won't stop until everyone's a millionaire"[69] zielt die Regierung zudem direkt auf die minderbemittelten Bevölkerungsschichten, die bereits durch die Re-

---

[67] Passell, Peter. „Lottery For the Arts: Over the Rainbow Under a Cloud". *NYT*, Late Edition
(24. Okt. 1995) Sektion C: Cultural Desk. S. 13.
[68] Aus: *Statmaster*.
[69] Shenk, Joshua Wolf. „Everyone's a Loser". *Washington Monthly* (July/August 1995). Zitiert in:
Congressional Record Online (4. Aug. 1995). S. S11472.

gressivität der Lotterie unverhältnismäßig stark betroffen sind. Gerade in den Vereinigten Staaten, dem Archetyp liberaler Wirtschaftssysteme, sollte Marketing von staatlichen Monopolen zur Profitsteigerung allein aus Wettbewerbsgründen nicht erstrebenswert sein. Obendrein verliert die Staatsmacht an Glaubwürdigkeit, wenn sie gleichzeitig die Werbemöglichkeiten für die „gesellschaftlichen Übel" Tabak und Alkohol beschneidet.

Die Bundesregierung, die in der Vergangenheit aufgrund verfassungsgemäßer Sonderrechte auf dem Gebiet des Informationstransports Mittel und Wege fand, die Verbreitung von illegalem Glücksspiel zu unterbinden (z.B. das Verbot der *Louisiana Lottery*), verhält sich seit längerer Zeit neutral.

> ... Federal Law should not prohibit the mailing, interstate carriage, or broadcasting of advertisements concerning gambling activity that takes place within the confines of a State where it is legal.[70]

Gemäß dieser Empfehlung der „Kommission" verabschiedete der Kongreß 1975 ein Gesetz, das die Veröffentlichung von Wettergebnissen in den Staaten erlaubt, die Glücksspiel sanktionieren. Heute gehören *billboards* mit Kasinowerbung zum Stadtbild, und die Veröffentlichung von Lottozahlen im Fernsehen ist nichts Außergewöhnliches mehr. Der Posten für Werbeausgaben im öffentlichen *gambling fund* steigt jedoch mit dem Druck auf die Behörden, mehr Geld für die Deckung des Staatshaushalts zu erwirtschaften.

Öffentliche Körperschaften auf kommunaler Ebene können in eine Abhängigkeit von *gambling dollars* von noch größeren Ausmaßen geraten. Während Einzelstaaten im Lotteriegeschäft engagiert sind, profitieren Städte und Gemeinden ge-

---

[70] Helsing. S. 19.

wöhnlich von Kasino- oder Rennbahnbetrieben, denen sie als Standort dienen. Die Einführung dieser Glücksspielformen in den Gemeinden verläuft meist nach dem gleichem Muster. Nachdem sich ein Staat pauschal für die Legalisierung von Pferdewetten entschieden hat, treten die *gambling companies* in Verhandlungen mit den sich bewerbenden Gemeinden. Bei der Einführung von legalen Kasinos drängen Gemeindevorstände, die häufig schon Vorverträge mit den Firmen abgeschlossen haben, ihre Legislative zu einer zügigen Sanktionierung. Das gesetzgebende Organ genehmigt den Kasinobetrieb anfangs nur für bestimmte Regionen. Somit glaubt man die staatliche Aufsicht der Spielbanken, die gewöhnlich auch heute noch mit dem „Organisierten Verbrechen" in Verbindung gebracht werden, am besten zu gewährleisten.

Beläuft sich der Anteil der Glücksspieleinnahmen im Staatsetat auf zwei bis vier %, so ist er dementsprechend in den Stadtkassen immens höher. Begeistert vom versprochenen Nutzen, versuchen die Bürgermeister politische Mehrheiten für das Projekt zu gewinnen. In Erwartung der garantierten Profite wird an städtischen Vorleistungen, wie Planung und Durchführung von Grunderschließungsmaßnahmen nicht gespart. Mit der Ausgabe von langfristigen kommunalen Schuldverschreibungen sollen anfängliche Kapitalengpässe überwunden werden. In zukünftige Haushaltsentwürfe werden die prognostizierten Einnahmen aus dem Glücksspielgeschäft eingeplant.

New Orleans erlebte 1995 statt der prophezeiten Lösung der chronischen Finanzprobleme eine Katastrophe. Zwei ehrgeizige Kasino-Großprojekte meldeten innerhalb eines halben Jahres Konkurs an. Dabei versprachen sich die Großen des Geschäfts, unter ihnen *Harrah's* und *Bally's*, sehr viel vom Standort New Orleans, eine der touristischen Metropolen in den U.S.A. und Stadt mit berühmter Glücksspieltradition.

Natürlich sind die Verluste der Unternehmen nicht unerheblich, aber die Städte sind über Jahre hinweg die Hauptleidtragenden des Debakels.

> No longer to count on lease and tax payments from the casinos, New Orleans faces a budget shortfall ... Mayor Marc Morial said he may have to lay off as many as 1,000 city employees.[71]

Gerade Städte wie die *Crescent City* im Mississippi-Delta, deren Budget wegen wachsender sozialer und krimineller Spannungen überstrapaziert ist, versuchen jede Chance zu nutzen, um der Finanzmisere zu entfliehen. In Zeiten eines Booms werden bedenkenlos die Risiken, die jedem Geschäft inhärent sind, vom „overly optimistic outlook"[72] aller Beteiligten in den Schatten gestellt.

Das Phänomen „Las Vegas" fehlt in keiner der vielversprechenden Zukunftsperspektiven der Glücksspiel-Protagonisten. Daß diese Ausnahmestellung über 65 Jahre hinweg mit einem mühevollen Kampf gegen die Mafia erarbeitet werden mußte, wird geflissentlich verschwiegen. In den nächsten beiden Abschnitten werden die Erfahrungen der beiden Kasino-Hochburgen Las Vegas und Atlantic City von zentraler Bedeutung sein. Was können die anderen Staaten von den Vorbildern Nevada und New Jersey übernehmen und wieso ist es höchst unwahrscheinlich, daß sich ihre Entwicklung wiederholt?

---

[71] Armstrong, Ken. „Risky Business: Can Gaming Win In Cities?" *Chicago Tribune* (29. Nov. 1995).
zitiert in: *Congressional Record Online* (4. Dez. 1995). S. S17930.
[72] Forest, Stephanie Anderson. „Big Trouble In the Big Easy". *Business Week* (16. Okt. 1995). S. 100.

3.3. <u>Wirtschaftliche Förderung für unterentwickel-</u>
<u>te Regionen</u>

Neben der allgemeinen Aufbesserung der Staatsfinanzen werden die *gambling dollars* als Mittel betrachtet, mit dem man gezielt Regionen und Gemeinden unterstützen kann, die wirtschaftlich brach liegen und somit eine Belastung für den Staatsetat darstellen. Weite Teile der U.S.A. sind für Industrie- und Dienstleistungsunternehmen absolut uninteressant. Für gewöhnlich sind diese Gebiete entweder unfruchtbar und ohne besondere Rohstoffvorkommen oder zu abgeschieden und nur durch Landwirtschaft oder Tourismus nutzbar. Die Einwohner dieser, vorwiegend im Westen und Süden gelegenen Regionen sind meist nicht in der Lage, ohne staatliche Hilfe zu bestehen. 1979 lebten 23,9 % der Bevölkerung Mississippis unter der Armutsgrenze. Als erster Staat nördlich der *Mason-Dixon-Line* taucht in dieser Statistik New York an 16. Stelle auf.[73] Hohe Arbeitslosigkeit und niedriger Bildungsstand sind charakteristisch für die dort lebende Bevölkerung, die hauptsächlich aus Farbigen und *Native Americans* besteht.

Schon im letzten Abschnitt wurde deutlich, daß für regionale Absichten die Einführung von Kasinos den größten finanziellen Erfolg verspricht. Mit der Errichtung von Spielbanken erhoffen sich die Verantwortlichen neue Arbeitsplätze, wachsende Touristenzahlen, Anziehungskraft für fremdes bzw. einen Wachstumseffekt für ansässiges Gewerbe. Der Immobilienboom, den Orlando in den letzten Dekaden durch die Eröffnung riesiger Vergnügungsparks erlebte, soll in diesem Fall durch Kasinos ausgelöst werden. Durch diese positiven Prognosen ermutigt, beabsichtigen Politiker, ihren hoff-

---

[73] Aus: *Statmaster.*

nungslosesten Distrikten Hilfe zur Selbsthilfe zu gewähren. Die Bedenken der Einwohner im Reststaat gegenüber den „Spielhöllen" sind wegen des entlegenen Standortes von geringem Ausmaß. Als Paradebeispiel für diese Art der Entwicklungshilfe dient Atlantic City. Hier wurden 1978 die ersten legalen Kasinos außerhalb Nevadas eröffnet, in der Absicht „to pump life back in the decaying resort area of Atlantic City".[74]

3.3.1. <u>Reservate der *Native Americans*</u>

> The Congress shall have power to dispose of and make all needful rules and regulations respecting the territory or other property belonging to the United States; ...[75]

Laut der Verfassung der Vereinigten Staaten wird dem Bundeskongreß die alleinige gesetzgebende Hoheit auf den Liegenschaften der *Public Domain* zugesprochen. Im Laufe des 19. Jahrhunderts traten viele Stämme ihr Land vertraglich an die U.S.A. ab. 1834 übertrug der Kongreß dem neu eingerichteten *Department of Indian Affairs* die Verwaltung des Indianerterritoriums. Heutzutage sichern Verträge die Souveränität der Indianer in ihren Reservaten.

Im Abschlußbericht der „Kommission" wird die spezielle Zuständigkeit Washingtons für die Regelung von Glücksspiel auf indianischem Landbesitz auf den *Johnson Act* zurückgeführt. So wie in vielen Empfehlungen ihres Abschlußberichts kam die „Kommission" auch diesbetreffend zum Schluß, daß die Bundesregierung ihre Rechte zugunsten der Einzelstaaten zurückziehen sollte. Doch die konkreten Forderungen - die Streichung des Statuts im *Johnson Act* und die Nivellierung

---

[74] Currens. S. 10.

[75] *The Constitution of the United States of America*. Artikel IV, Sektion 3, Absatz 2.

der anfallenden Steuern zwischen Reservat und Staat[76] - wurden vom Kongreß nicht beherzigt.

Seit Anfang der achtziger Jahre nutzen die *Natives* verstärkt den Drang der Amerikaner nach Unterhaltung durch Glücksspiele zu ihren Gunsten aus. Grund für ihr Verhalten war auch hier die drastische Kürzung der Sozialleistungen durch die Reagan-Administration. Als problematisch erwiesen sich in der Folgezeit die Beziehungen der Stämme zu den Einzelstaaten. Letztere zeigten sich sehr beunruhigt über die Situation, daß sie keine Kontrolle über die Glücksspielaktivitäten innerhalb ihres Staates hatten. In mehreren Urteilen hoher Gerichte wurde den *Natives* das Recht zugestanden, auf ihrem Landbesitz alle Formen von Glücksspiel veranstalten zu dürfen, die in dem betreffenden Staat erlaubt sind. Der Oberste Gerichtshof der Vereinigten Staaten fällte 1987 in der Angelegenheit *California versus Cabazon Band of Mission Indians* ein Präzedenzurteil, indem er dem Stamm die Veranstaltung von Bingo bewilligte.

Ein Jahr später arrangierte der Kongreß, kraft seiner Regulierungsmacht einen Kompromiß zwischen den beiderseitigen Interessen. Der *Indian Gaming Regulatory Act of 1988*, kurz *IGRA*, wurde konstituiert. Dieses Gesetz unterteilt die Glücksspielformen in drei Klassen:

> (5) The term 'class I gaming' means social games played solely for prizes of minimal value or traditional forms of Indian gaming engaged in by individuals as a part of, or in connection with, tribal ceremonies or celebrations. ...

---

[76] Helsing. S. 22.

(6) The term 'class II gaming' means

(i) the game of chance commonly known as bingo or lotto including, if played in the same location, pull-tabs, punch boards, tip jars, instant bingo, and other games similar to bingo (whether or not electronic, computer, or other technologic aids are used in connection therewith) ...

(ii) card games that are explicitly authorized by the laws of a State ...

(7) The term 'class III gaming' means all forms of gaming that are not class I gaming or class II gaming.[77]

Neben dieser Klassifizierung ist die Bildung einer *National Indian Gaming Commission* zu erwähnen. Die 5 Mitglieder dieser Kommission, von denen drei *Natives* sind, werden vom Präsidenten ernannt und vom Senat bestätigt. Ihre Hauptaufgabe ist die Regulierung der *„Class II"*-Spiele. Während die Stämme Glücksspiele der ersten Klasse selbst regeln dürfen, sind sie verpflichtet, bei der Einführung von Kasinos oder Pferdewetten, die in die dritte Klasse fallen, mit den Einzelstaaten in Vertragsverhandlungen zu treten. Die Spannungen konnte der *IGRA* jedoch nicht beseitigen. Die *Native Americans* fühlen sich durch das Gesetz in ihrer Souveränität beschnitten. Die Staaten haben zwar bei der Lancierung von „riskanten Glücksspielen" ein Mitspracherecht, sind aber von der Beaufsichtigung derselben weiterhin ausgeschlossen. Sie befürchten weiterhin, daß ohne staatliche Kontrolle Subjekte des „Organisierten Verbrechens" die Unerfahrenheit der *Natives* im Glücksspielgeschäft zu ihren Gunsten ausnutzen könnten. Die Gerichte mußten sich bis heute mit eher mehr

---

[77] Auszüge aus: *Indian Gaming Regulatory Act Amendments Act of 1995*, Sektion 4, Absätze 5, 6, 7.

denn weniger diesbezüglicher Streitigkeiten auseinandersetzen. Die öffentliche Rechtsprechung wird eingeschaltet, wenn die Vertragsverhandlungen gescheitert sind. Ein wiederkehrendes Argument der Indianer ist die Mißachtung der „good faith negotiation"-Regel im *IGRA* durch die Staaten. Die Einzelstaaten hingegen verhalten sich bei Gesprächen mit Verhandlungspartnern, die erfahrungsgemäß jede Vertragsschwäche kurzerhand zu ihren Vorteilen ausnutzen, äußerst zurückhaltend.

Auch auf wirtschaftlichem Gebiet bietet die Sonderstellung indianischer Glücksspielunternehmungen Grund zur Disharmonie. Im Mittelpunkt steht hier die Befreiung der *Natives* von der Körperschaftssteuer. Vertreter der *Gambling Industry* sehen dies als unlauteren Wettbewerb. Im Herbst letzten Jahres wurde im Kongreß über die Einführung einer Körperschaftssteuer auf indianische Wetteinkünfte in Höhe von 34 % beraten. Gegner dieses Gesetzesentwurfs verweisen auf das Selbstverwaltungsrecht der Indianer und die Chance auf eine Verbesserung der dortigen Lebensverhältnisse, wovon auch der Bundesetat durch die Minderung der Sozialleistungen profitieren könnte. Die *Natives* verstehen die feindselige Haltung der boomenden Glücksspielindustrie nicht. Sie verteidigen ihren Steuervorteil, indem sie auf den Unterschied in der Gewinnverteilung verweisen. Die Nettogewinne der Unternehmer kommen ausschließlich privaten Investoren zugute, während die der Indianer der Stammesregierung zufließen, die sie auf öffentliche und soziale Projekte ihrer Gemeinschaft umlegt.

Für die Ureinwohner Amerikas, die in der Geschichte der U.S.A. oft von den weißen Machthabern benachteiligt wurden, bedeutet das Glücksspiel eine finanzielle Absicherung ihrer Zukunft. 1995 betrieben laut der *National Indian Gaming Association* 140 Stämme irgendeine Form von Glücksspiel auf ihrem Land.[78] Das „Las Vegas" der *Native Americans* ist in Connecticut angesiedelt. Die Erfolgsstory der Mashantucket-Pequots ist das Paradebeispiel sowohl für die Hoffnungen der übrigen Indianervölker als auch für die Ängste der Bewohner in den umliegenden Regionen. Als die Mashantuckets 1983 die Anerkennung als indianischer Volksstamm von der Bundesregierung erhielten, lebte kaum noch einer der 350 Stammesmitglieder in ihrem Reservat. Nur 9 Jahre später wurde im Südosten Connecticuts das größte Kasino der Welt eröffnet. Der *Foxwood Resort Casino*-Komplex ist heute der größte Arbeitgeber der Region, zahlt dem Staat vertragliche Abgaben von jährlich über US$100 Mio. und machte seine Stammesangehörigen reich. Eine geplante Expansion ist zwar für die Mashantuckets finanziell kein Problem, aber die Einwohner der umliegenden Gemeinden sind gegen die Vergrößerung des Reservats. Sie befürchten eine weitere Minderung ihrer Lebensqualität, die schon jetzt durch die täglich mehr als 50.000 Besucher der Spielbank stark beeinträchtigt sei. Nach den wirtschaftlichen Vorteilen, die der Kasinobetrieb schnell mit sich brachte, spüren die Anwohner nun die negativen Auswirkungen, wie verkehrstechnische und vor allem soziale Probleme, die im Mittelpunkt des letzten Kapitels stehen werden. Der Vergleich der *Foxwood Casinos* mit Las Vegas ist angebracht, weil beide eine Ausnahmestellung innehaben, die von anderen kaum erreicht werden kann. Bei der geringen Zahl von Stammesangehörigen ist es ein Leichtes, alle Mashantuckets profitieren zu lassen. Aus dem Erfolg der *Mystic Lakes Cusinos* der Sioux im südlichen Einzugsgebiet der *Twin Cities* in Minnesota hingegen ziehen tausende von sozialhilfeempfangenden

---

[78] Wines, Michael. „Indian-Run Casinos and a Capital Mystery". *NYT*, Late Edition (24. Sep. 1995)
Sektion 1: National Desk. S. 24.

Stammesbrüder, die im Ghetto westlich der *Cedar Avenue* in Minneapolis wohnen, offensichtlich keinen Nutzen. Aufgrund von Zerfallsanzeichen der dringend notwendigen Solidarität innerhalb der niedergehenden indianischen Volksgemeinschaft, wächst auch hier die Glücksspiel-Opposition - trotz des enormen wirtschaftlichen Erfolges.

Mit US$41 Mrd. waren Indianerreservate 1994 nach Nevada und New Jersey das umsatzstärkste Gebiet für die US-Glücksspielbranche. Die US$3,4 Mrd. Reingewinn für die Stammesetats bedeuten einen Anteil von 8,5 % an den gesamten staatlichen Einnahmen durch *gambling dollars*.[79]

3.3.2. <u>Strukturschwache Regionen</u>

Laut Information des *Bureau of the Census* stieg die Einwohnerzahl von Clark County, Nevada von 463.087 Einwohner im Jahr 1980 auf 741.459 zu Anfang der nächsten Dekade. Das entspricht einem Zuwachs von 60,1 %. Die *Metropolitan Area* von Las Vegas war damit an vierter Stelle der expandierenden Städte in den U.S.A. Vor ihr plazierten sich nur drei Rentnerparadiese in Florida. Ganz im Gegensatz dazu zieht „Vegas" wegen seiner guten Arbeitsmöglichkeiten meist junge Leute an. Zahlen von 1989 drücken das ganz deutlich aus: Mit 18,77 % stellten in Las Vegas die 25- bis 34jährigen die stärkste Altersgruppe, während in Fort Myers knapp ein Viertel der Einwohner über 65 Jahre alt war.[80]

Die einfachen Denkmuster der Politiker, die *gambling* befürworten, basieren auf der Entwicklung von Las Vegas. Das positive Ergebnis dieses Prozesses für Staat, Region und Stadt besteht neben den direkten Erlösen aus dem Glücksspielgeschäft aus Steuermehreinnahmen wegen höherer Ein-

---

[79] Shapiro. S. 57.
[80] Aus: *Statmaster*.

wohnerzahl, größerem Industrieaufkommen und Profitsteigerung aus dem Verkauf von attraktiveren Immobilien.

Bei näherer Analyse der Hauptpunkte dieser Idealvorstellung registriert man, daß in der Praxis wiederum Probleme entstehen können, die den erwünschten Effekt in Frage stellen.

Die Schaffung von mehreren tausend Arbeitsplätzen ist ein achtenswertes Argument des *gambling business*, dem selbst Glücksspiel-Gegner nichts entgegensetzen können. Der überwiegende Teil der Arbeitsstellen, die ein Kasino zu bieten hat, sind jedoch von niederer Qualität. Der meist schlecht ausgebildeten Bevölkerung in unterentwickelten Regionen kommt dies auf den ersten Blick entgegen. In Tunica, Mississippi verringerte sich die Arbeitslosenquote, seitdem 1992 sechs *Riverboat Casinos* eröffneten, von 15 auf 5 %. Die dort ansässigen Familien konnten ihr monatliches Einkommen sogar verdreifachen.[81] Bedenkt man, daß sie überwiegend unter der Armutsgrenze gelebt hatten, relativiert sich die Aussage. Fakt ist, daß die „schwimmenden Spielbanken" nur den Mindestlohn bezahlen und die qualifizierteren Jobs an besser geschulte Kräfte aus dem nahen Memphis, dem Firmensitz des Branchenriesen *Harrah's*, vergeben. Die Chancen der ungelernten Arbeiterschaft, in Zukunft mehr als US$4,25 die Stunde zu verdienen oder sich weiterzubilden, bleibt nach wie vor sehr gering.

> I think as a region, we're still in an incubation period as far as the problems go, but we're enjoying the major benefit -- the jobs.[82]

---

[81] Popkin, James. „A Mixed Blessing For 'America's Ethiopia' ". *US News & World Report* 116.10
(14. März 1994). S. 52 (nachstehend angeführt als Popkin Tunica).
[82] Zitiert aus: Hamilton, Robert A. „Eastside, Westside: Casinos On the Thames". *NYT*, Late Edition
(18. Juni 1995) Sektion 13CN: Connecticut Weekly Desk. S. 1.

Die Aussage eines Psychologen aus New London, nahe den *Foxwood Casinos* in Connecticut, ist ein Beispiel für die Hoffnungslosigkeit, in der sich die Bevölkerung strukturschwacher Regionen befindet. Auch wenn sich Kritiker über die Gefährlichkeit der Spielbanken vollkommen bewußt sind, müssen sie die Hilfe für die Arbeitslosen anerkennen. Der massenhafte Zustrom von arbeitswilligen Steuerzahlern bleibt meist aus. Die abgeschiedene Lage von Las Vegas macht es für dortige Kasinoangestellte unabdinglich, vor Ort zu wohnen. In anderen Regionen, selbst in Atlantic City, blieben die Zuwanderungsraten im Rahmen des Bundesdurchschnitts. Der regionale Markt an Arbeitnehmern reicht für den Bedarf der Spielbanken aus.

Die katalytische Wirkung der Spielbanken für die Wirtschaft ist binnen kurzem zu beobachten. Dienstleistungsunternehmen hoffen auf großen Andrang durch die Spieler und profitieren vom Anstieg der verdienenden Bevölkerung. Die Grundstückspreise schnellen in die Höhe, die Mieten ziehen nach. In Tunica verzehnfachte sich beispielsweise der Preis für ein *acre* Bauland innerhalb von zwei Jahren, der Mietspiegel erhöhte sich um fast 420 %.[83]

Für Städte mit landgestützten Kasinos bedeutet der Immobilienboom, daß der Bereich um den Glücksspieldistrikt einschneidende städtebauliche Veränderungen erfährt. Die Mieten werden für Anwohner und ansässige Geschäftsleute zu hoch, freier Baugrund wird nur noch für das *gambling business* erschwinglich. Die expansionswilligen Kasinobetreiber bieten überdies horrende Summen an Immobilienbesitzer. Aus einer vorher lebendigen *neighborhood* entwickelt sich eine sterile „Spielwiese". Musterbeispiel hierfür ist Atlantic City.

(nachstehend angeführt als Hamilton).
[83] Popkin Tunica. S. 56.

Hier wurde die Einführung von Kasinos von öffentlicher Seite wohl noch am besten geplant. Doch trotz eines wohldurchdachten Bebauungsplanes hat ein, dem eben beschriebenen, ähnlicher Prozeß stattgefunden. Immobilienspekulation ist der Grund, daß nach fast 20 Jahren kaum noch einer der ursprünglichen Einwohner rund um den *Boardwalk* ansässig ist. Gleichzeitig liegen Grundstücke inmitten der Stadt brach.

Die Gefahr für Gemeinden, die *floating casinos* als Mittel zur Wirtschaftsstimulierung wählten, besteht in der Mobilität dieser Glücksspielbetriebe. Die Unternehmer nehmen anfangs unterentwickelte Standpunkte wie Tunica, Mississippi oder Gary, Indiana in Kauf. Die Gemeinden werden nach strategisch günstiger Lage von der Industrie ausgesucht. Häufig liegen sie nahe der Grenze zu einem Staat, der bisher dem legalen Glücksspiel erfolgreich widerstanden hat. Die Vertreter der *Gambling Industry* hoffen auf Verhandlungen mit den Bürgermeistern der nahen Metropolen, die vom Erfolg der Provinzkasinos beeinflußt werden sollen. Die Wartezeit auf landgestützte Spielbankkomplexe, beispielsweise direkt in Memphis oder Chicago, wird durch Einnahmen aus dem Hinterland überbrückt. Sind die Bemühungen der Geschäftsleute von Erfolg gekrönt, nimmt der Zustrom in die ländlichen Kasinos rapide ab. Für die Stadtbewohner ist es fortan bequemer, die ortsansässigen Etablissements zu besuchen. Die rückständigen Regionen werden schließlich mit ihren Problemen allein gelassen. Zeit- und Konkurrenzdruck machen es den Gemeinden unmöglich, den Ruf und Mythos eines Las Vegas oder Atlantic City aufzubauen.

Die Dienstleistungsunternehmen, die zunächst vom Publikumsmagneten „Glücksspiel" profitieren, müssen bald erkennen, daß sie wenig Chancen haben, neben den Kasinos zu bestehen. Das Verhältnis der Glücksspielindustrie zu anderen Unternehmen der Dienstleistungsbranche wird von der *gam-*

bling opposition als „kannibalistisch" charakterisiert. Die treibende Kraft für eine unabhängige Glücksspielkommission im Repräsentantenhaus, Frank R. Wolf, beschreibt diesen Vorgang wie folgt:

> Gambling does not stimulate demand for entertainment; it merely shifts disposable income from one expenditure to casinos. One who spends his money on gambling forgoes some other form of entertainment like a trip to the beach or movies, a night out to eat, or a day trip to one of Virginia's many historic places. Furthermore, as gambling increases, expenditures for clothing, recreation services, business services, new cars and service stations will decline.[84]

Als Beweis für das jüngste Argument im Kampf gegen die weitere Ausbreitung des Glücksspiels wird die Sachlage der ansässigen Unternehmen in Atlantic City und in Deadwood, South Dakota herangezogen. Dort mußte eine hohe Zahl von Restaurants und Einzelhandelsgeschäften schließen.

Um die Objektivität nicht zu verlieren, muß man jedoch bedenken, daß der Konkurrenzdruck im marktwirtschaftlichen System eine legitime Komponente ist, die auch ohne die Präsenz von Glücksspiel Wirkung zeigt.

---

[84] Wolf, Frank R. „Legalized Gambling Not a Good Bet". *Congressional Record Online*
   (29. Nov. 1994).

3.4. <u>Bekämpfung von organisierter Kriminalität und Korruption</u>

Neben ökonomischen Argumenten führten die *gambling proponents* in vergangenen Zeiten die, eine Legalisierung begleitende, zerstörende Wirkung auf kriminelle Formen des Glücksspiels an. Diese Rechtfertigung ist durch die Forschung der „Kommission" schon früh ins Abseits gedrängt worden. Aufgrund von Umfrageergebnissen von 1975 stellte die „Kommission" fest, daß die totale Teilnehmerzahl kontinuierlich mit der Anzahl der legalen Spielmöglichkeiten steigen wird. Dabei wächst auch die Zahl der Spieler, die sich dem illegalen Spiel zuwenden. Die Antwort, wieso ein Spieler seinen *bookie* anstatt den legalen *OTB-parlor* besucht, liegt auf der Hand: Die Gewinnquoten des illegalen Buchmachers sind generell besser, weil er keine staatlichen Abgaben hat. Hier kann der Staat auf das unerwünschte rechtswidrige Ebenbild des staatlich sanktionierten Glücksspiels einwirken. Je geringer die staatlichen Abgaben für legale Glücksspielunternehmen sind, desto erfolgreicher können diese mit ihren ungesetzlichen Pendants konkurrieren. Ein Beispiel für diese These ist die Herabsetzung der *Wagering Excise Tax* aus dem Jahr 1974. Im ersten Vierteljahr nach dieser bundesweiten Maßnahme stieg der Umsatz der legalen Buchmacher für Sportwetten in Nevada um 89 %.[85]

---

[85] Hybels, Judith H. „The Impact Of Legalization On Illegal Gambling Participation".
Journal-of-Social-Issues 35.3 (1979). S. 33.

3.4.1. *Organized Crime*

Durch die Einführung legaler Glücksspielformen allein wird die Präsenz von illegalem Glücksspiel demgemäß nicht beseitigt. Es ist sogar ein Aufschwung der verbotenen Wettaktivität wahrscheinlich. Die 1974 angenommenen US$5 Mrd. Umsatz der illegalen Glücksspielunternehmen erhöhten sich innerhalb von 19 Jahren auf US$43 Mrd.. Der Anteil am Gesamtumsatz fiel zwar von 22 auf 11 %, aber bei einem durchschnittlichen Zuwachs von 40 % pro Jahr profitierten kriminelle Buchmacher von der allgemeinen Legalisierung ebenfalls enorm.[86] Vergleicht man die Daten von 1974 mit denen von 1993, so läßt sich feststellen, daß die Prognose der „Kommission" in der Tendenz nicht falsch war, die Gesamtentwicklung jedoch stark unterschätzt wurde, wenn sie sagt:

> The Commission rejects the notion that organized crime controls all illegal gambling or that all illegal gambling provides revenues for other illegal activities. Accordingly, the commission has concluded that independent operators of illegal gambling pose a less serious threat to society ... and ... should not be the target of Federal law enforcement investigations.[87]

Der damalige Rat zur nachlässigen polizeilichen Verfolgung von illegalem Glücksspiel trug nicht unwesentlich zum US$43-Mrd.-Umsatz bei, der auch für das „Organisierte Verbrechen" interessant ist.

---

[86] Zahlen für 1974 aus: Kallick-Kaufmann, Maureen. „The Micro and Macro Dimensions Of
  Gambling in the United States". *Journal-of-Social-Issues* 35.3 (1979). S. 7.
  Zahlen für 1993 aus: Hirshey, Gerri. „Gambling Nation". *NYT Magazine* (17. Juli 1994). S. 37.
[87] Helsing. S. 4.

Der heutigen allgemeinen Einschätzung der Mafia zufolge, hat diese ihre Haupteinkommensquellen auf den Drogen- und Waffenhandel verlegt. Vermutlich hat das *Organized Crime* heute fast ausschließlich Verbindungen zum *legal gambling*, um ihre illegal erworbenen Gelder zu „waschen". Die Regierungen konzentrieren sich deswegen darauf, diese Verbindungen aufzudecken bzw. erst gar nicht entstehen zu lassen. In den Einzelstaaten werden Behörden gegründet, die genaue Untersuchungen der Personen und Gesellschaften vornehmen, die sich um eine Glücksspiellizenz bewerben. Als Vorbild dienen die Erkenntnisse Nevadas im Kampf gegen die *exbootleggers*.

Das Kontrollsystem im *Silver State* besteht heute aus drei unabhängigen Gremien, dem *State Gaming Control Board*, der *Nevada Gaming Commission* und dem *Gaming Policy Committee*. Zusätzlich sind Bezirks- und Gemeindeverwaltungen an der Lizenzvergabe beteiligt. Ein *gambling establishment* kann erst seinen Betrieb aufnehmen, wenn alle drei Ebenen die Genehmigung erteilt haben.

Das *State Gaming Control Board* besteht aus drei fest angestellten Spezialisten auf den Gebieten der Verwaltung, des Rechnungswesens und des Rechts. Ihnen untersteht ein umfangreicher Angestelltenstab, der sie bei ihrem ausgedehnten Aufgabenbereich unterstützen soll. Die Arbeit des *Control Boards* setzt sich zusammen aus der Erhebung und Weiterleitung der Steuern und Abgaben, der Aufsicht und dem Vollzug der Gesetze und der Überwachung der Unternehmen, die auf Glücksspiel basieren. Bei der staatlichen Lizenzvergabe hat das Kontrollgremium die Aufgabe, anhand von eigenen Untersuchungen Empfehlungen abzugeben.

Die *Nevada Gaming Commission* ist die oberste Instanz zur Erteilung oder zum Entzug der staatlichen Glücksspiel-Lizenzen. Das Kollegium besteht aus 5 Personen, die vom

Gouverneur ernannt werden und tritt nur zu Beratungen über eine Lizenzerteilung zusammen.

Das *Gaming Policy Committee* besteht in seiner heutigen Form seit 1971. Es setzt sich aus dem Gouverneur, jeweils einem Mitglied der zwei genannten Gremien und jeweils zwei Vertretern des öffentlichen Lebens und der Glücksspielindustrie zusammen. Es berät über Themen der allgemeinen Glücksspiel-Politik und gibt Empfehlungen an *Control Board* und *Gaming Commission* ab, die allerdings nicht bindend sind.

Durch sein über Jahrzehnte hinweg ausgebautes und scharfsinniges *checks-and-balance-system* funktioniert Nevadas Apparat zur Regulierung des legalen Glücksspielbetriebes sehr erfolgreich. Die Kosten für diese Behörde sind natürlich dementsprechend hoch. Sie sind gesetzlich auf 10 % der Gesamteinahmen aus dem Glücksspielgeschäft begrenzt. Nimmt man allein die 6,25 % Steueranteil vom US$7 Mrd.-Gewinn des ansässigen *gambling business*, so standen den drei Gremien für 1994 rund US$47 Mio. zur Verfügung. Zum Vergleich: Der Gesamtgewinn aller legalen Glücksspielunternehmen in North Carolina betrug für das gleiche Jahr US$8,3 Mio..

In Abschnitt 2.2 dieses Kapitels wurde festgestellt, daß der Beitrag des Glücksspielprofits für die Habenseite des Gesamthaushalts bei den meisten Staaten, im Gegensatz zu Nevada nur sehr gering ist. Die Errichtung einer so kostspieligen Behörde ist für diese Staaten utopisch. Der Einfluß krimineller Kräfte im regionalen *gambling business* darf deswegen nicht unterschätzt werden. Auch gegenwärtig werden einige Geschäftsführer von Spielunternehmen aller Größenordnungen verdächtigt, Verbindungen zur *Cosa Nostra* zu haben. Zahlreiche Artikel der *New York Times* berichteten 1995 über den Betrieb von illegalen Kasinos in Chinatown, Brooklyn und anderen Teilen der New York/New Jersey *Metropolitan Area*. Die Verwicklungen einiger „ehrenwerter Familien" gelten sowohl in illegalen als auch in einigen legalen Glücksspielunternehmungen als sicher. Nachforschungen der Polizei führen in einigen Fällen bis in die Chefetagen der nationalen Konzerne wie *Bally's* oder *Mirage Resorts*. Ein bundesweites Verbot zum Betrieb von Glücksspielgeschäften kann diesen verdächtigen Personen jedoch nicht auferlegt werden. Wird ihnen die Lizenz in einem Staat entzogen, sind sie in anderen Bundesstaaten weiterhin in der Lage, ihre Geschäfte zu tätigen.

3.4.2. <u>Korruption und Bestechung</u>

Ein negativer Nebeneffekt der staatlichen Regulierung von begehrten Gütern und Leistungen ist die Bestechlichkeit von Personen in verantwortlichen Positionen. Bestechung, Unterschlagung, Fälschung und Betrug bei der Ausübung öffentlicher Ämter wurden lange Zeit und nicht nur in den U.S.A. als Kavaliersdelikt angesehen.

> „ ... our civil service seems easily pervaded by the spirit of expansionist capitalism, and, hence, relatively corruptible."[88]

Diese fast entschuldigende Aussage beschreibt die besondere Beziehung amerikanischer Beamter zur Bestechlichkeit. Im Gegensatz zu Gewalt- oder Ordnungsdelikten ist das Ausmaß des Schadens auf den ersten Blick schwer zu überblicken. In den letzten Jahrzehnten wird dem sogenannten *White Collar*

---

[88] Skolnick, Jerome H. „The Dilemmas Of Regulating Casino Gambling".

Journal-of-Social-Issues 35.3 (1979). S. 140.

Crime größere Aufmerksamkeit gewidmet. Laut Werner von der Ohe war zwischen 1974 und 1986 ein Anstieg bei den Verurteilungen wegen Korruption von 473 % zu registrieren. Darüber hinaus ist zu bemerken, daß es in mehr als einem Drittel aller Fälle aus Mangel an Beweisen zu keiner Anklage kommt.[89]

Im Gegensatz zur Zeit um die Jahrhundertwende steht heute kaum mehr die Zahlung von „Kleingeld" an lokale Ordnungshüter im Vordergrund. Geschichten, wie die eines New Yorker Polizisten, der zwischen 1988 und 1994 interne Informationen an illegale Glücksspielunternehmer weiterleitete, finden nur noch in den Lokalteilen der Zeitungen Beachtung. Inzwischen streiten sich andere um die *big bucks*, die völlig legitim mit Glücksspiel zu verdienen sind. In Debatten des 104. Kongresses zum Thema *gambling* wird auf zahlreiche Korruptionsskandale bei der Vergabe von Lizenzen oder Lieferaufträgen für das legale Glücksspiel in mehreren Einzelstaaten hingewiesen. Beispiele dafür gibt es genügend: 1980 sorgte der *ABSCAM-Fall*, vorrangig wegen der Benutzung von Video- und Audiorekordern zur Beweisführung, für bundesweites Aufsehen. Ein Grund für die Verurteilung von 12 Amtsinhabern, unter ihnen 6 Kongreßabgeordnete, war ihre Verwicklung in Glücksspielgeschäfte. 11 Jahre später wurden Gesetzgeber aus Arizona in einem ähnlichen Verfahren der Bestechlichkeit bei der Einführung von legalem Glücksspiel in ihrem Staat für schuldig befunden.[90] Die jüngste Korruptionsaffäre auf dieser Ebene fand in Louisiana statt. Abgeordnete verhinderten erfolgreich einen Volksentscheid über eine Ausweitung

---

[89] von der Ohe, Werner. „Gewalt und Kriminalität". *Die Vereinigten Staaten von Amerika*. Bd. 2.
Adams, W.P., u.a. (Hg.). Bonn (1992). S. 397.

[90] Altheide, David L. „Electronic Media and State Control: The Case Of Azscam".
Sociological-Quarterly 34.1 (1993). S. 61.

von *Video Lottery Terminals*, der wahrscheinlich negativ ausgefallen wäre.

Wie schon bei der Bekämpfung des „Organisierten Verbrechens" wäre eine aufgegliederte Glücksspielbehörde ideal zur Begrenzung von Korruptionsfällen. Doch auch die gegenseitige Kontrolle der einzelstaatlichen Gremien bietet keinen hundertprozentigen Schutz. Es ist auffällig, daß das *F.B.I.* für die Aufklärung der meisten Glücksspiel-Skandale gesorgt hat.

3.4.3. *Gaming lobby*

Der frühere Vorsitzende des *Republican National Committee*, Frank J. Fahrenkopf, interpretiert den Louisiana-Skandal auf seine Weise: „When a little mud splashes up in one corner of this industry, inevitably everybody gets coated."[91] Der Grund für seine bagatellisierende Stellungnahme zu diesem brisanten Thema wird durch seine jetzige Tätigkeit als Geschäftsführer der *American Gaming Association* plausibel. Diese Interessensvertretung der amerikanischen Glücksspielindustrie wurde im Juli 1995 in Washington D.C. gegründet. Mit Fahrenkopf wurde ein einflußreicher Mann engagiert, der gute Verbindungen zu den Abgeordneten der republikanischen Mehrheit im benachbarten Bundeskongreß hat. Das sogenannte *lobbying* gehört zum politischen Alltag in den U.S.A. Im Gegensatz zur parlamentarischen Demokratie geht im präsidialen System das Gros der Gesetzesinitiativen von der Legislative und nicht von der Exekutive aus. Gute Beziehungen zu den Abgeordneten der Ausschüsse und Unterausschüsse des Senats und des Repräsentantenhauses bedeuten für die Lobbyisten eine wichtige Informationsquelle sowie die Grundlage für eine Einflußnahme auf den politischen Prozeß.

---

[91] Sack, Kevin. „There Are Two Sides To Every Game In Town". *NYT*, Late Edition (5. Nov. 1995)
  Sektion 4: Week in Review Desk. S. 4.

Für einen Industrieverband ist ein personell und finanziell gut ausgestattetes Büro in der Hauptstadt von großer Bedeutung. Mit Fahrenkopf an der Spitze und einem Budget von US$4 Mio. für 1996[92] fand die *American Gaming Association* gleich im ersten Jahr ihrer Existenz große Beachtung.

Die Repräsentanz eines starken Verbandes in Washington ist nur eine Strategie zur Vertretung bestimmter Interessen in der amerikanischen Politik. Durch die Wahlkampffinanzierung von Kandidaten für politische Ämter oder die Subventionierung gemeinnütziger Projekte auf lokaler Ebene können einzelne Unternehmen ebenfalls positive Eindrücke hinterlassen. Über den Beitrag zum Präsidentschafts-Wahlkampf von Bob Dole ist in der Einleitung schon berichtet worden. Amtsinhaber oder -anwärter, ob Republikaner oder Demokraten, konservativ oder liberal, werden durch spezielle *Political Action Committees* der Glücksspielindustrie in ihren Kampagnen legal unterstützt. So ist es nicht verwunderlich, wenn einem demokratischen Kandidaten für einen Senatssitz Nevadas im Bundeskongress Hilfe in Höhe von US$30.500 gewährt wurde bei einem gleichzeitigen Beistand von US$22.750 für seinen republikanischen Kontrahenten.[93] Mit lokalen Finanzspritzen wie die „ ... $4.7 million in civic contributions over the last 17 months: $500,000 for a new baseball stadium in Norwich, for example, and $80,000 a year for a fireworks show over the Thames River"[94], versuchen die Unternehmen, wie hier der Mashantucket-Stamm, die Bevölkerung positiv zu beeinflussen.

Der Gesamtumfang der legitimen Zahlungen zur politischen Einflußnahme der *Gambling Industry* ist kaum zu bestimmen. Einen Anhaltspunkt über ihre vehementen Bemühungen

---

[92] Shapiro. S. 54.
[93] Shapiro. S. 55.
[94] Aus: Hamilton.

auf diesem Gebiet gibt ein Zitat aus der New York Times,
das auch im US-Senat verlesen wurde:

> The $2 million total for the cycle [1993-94] put the industry in the same league as long-established interest groups like the United Automobile Workers, which gave $2.4 million, and the National Rifle Association, which gave $2.2 million.[95]

[95] Sack, Kevin. „Gaming Lobby Gives Lavishly To Politicians". *NYT*, Dec. 18, 1995.
zitiert in: *Congressional Record Online* (19. Dez. 1995). S. S18929.

3.5. **Zusammenfassung**

Die breite Palette an Informationen in diesem Kapitel läßt sich am günstigsten bündeln, indem man die Vor- und Nachteile für die Hauptakteure an der Legalisierung des *gambling* in den U.S.A. darlegt. Außerdem ist es nützlich, die Beziehungen zwischen diesen genauer zu betrachten. Die drei am Legalisierungsprozeß maßgeblich beteiligten Fraktionen sind der Staat, die Repräsentanten der Glücksspielindustrie und die Bevölkerung. Es ist zweckmäßig, den Staat wegen der verschiedenen Einflußmöglichkeiten in Bund und Einzelstaaten zu unterteilen.

3.5.1. **Der Staat**

Die Gefahr, durch voreiliges und unüberlegtes Handeln einen Teufelskreis zu initiieren, dem viele Staaten und Kommunen nur schwer entrinnen können, wird nicht selten unterschätzt.

Die teilweise zu kurzsichtigen Empfehlungen der *Commission on the Review of the National Policy toward Gambling* halfen den Staaten kaum, das Thema kritisch zu diskutieren und eine objektive Entscheidung zu treffen. Bezeichnend ist der Kommentar zur Entschärfung des Verbots der Verbreitung von Glücksspielinformationen, das von der „Kommission" empfohlen und vom Bundeskongreß 1975 verabschiedet wurde: „The way in which practices will evolve in response to this new framework remains to be seen."[96] 1993 gaben die Staaten die gewaltige Summe von US$350 Mio. für die Vermarktung ihrer Lotterien aus. Diese leichtfertige Einstellung

---

[96] US Commission on the Review of the National Policy toward Gambling. *First Interim Report.*
Washington (1975). S. 24.

92

der „Kommission" gegenüber der zukünftigen Entwicklung ist zum Teil für die heutigen Mißstände im Bereich des *legal gambling* verantwortlich.

3.5.1.1. <u>Bund</u>

Anhand <u>Abbildung 1</u> ist die sprunghafte Ausbreitung des legalen Glücksspiels von 34 Staaten Anfang der achtziger Jahre auf 45 Staaten im Jahre 1990 deutlich zu erkennen. Diese Entwicklung hätte durch eine konsequente Politik Washingtons verhindert werden können. Doch keine der drei Staatsgewalten sah es als notwendig an, richtungweisende Schritte zu unternehmen.

Die Regierung Reagan versuchte das explodierende Haushaltsdefizit einzudämmen, indem sie unter dem Leitspruch des *New Federalism* die Sozialleistungen auf die Einzelstaaten übertrug. Die über die Einkommens- und Körperschaftssteuer dem Bundeshaushalt zufließenden Einkünfte aus dem Glücksspielgeschäft der Länder waren bei der für Großunternehmen insgesamt steuerentlastenden Innenpolitik ebenfalls von Vorteil.

Die Judikative verwies in den sich häufenden Streitfällen auf mangelnde gesetzliche Grundlagen. Besonders die Rechtsstreitigkeiten zwischen Einzelstaaten und den *Native Americans* durchliefen meist den gesamten Instanzenweg. Der Oberste Gerichtshof der Vereinigten Staaten entschied in einem Präzedenzfall im Sinne der Indianer. In der Folgezeit drängten die Staaten den Kongreß zu einer dies betreffenden Gesetzesinitiative, dem *Indian Gaming Regulation Act*.

The Congress shall have power to regulate commerce with foreign nations, and among the several States, and with the Indian tribes.[97]

Die sogenannte *Commerce Clause* in der Bundesverfassung gibt dem US-Kongreß das Recht, Streitigkeiten im Warenverkehr zwischen den Ländern zu regeln. Durch die starke Präsidentschaft Reagans in eine passive Rolle gedrängt, versäumte es der Kongreß, das gesetzliche Fundament für eine Lösung der Thematik zu schaffen. Das Haushaltsdefizit und der durch den *New Federalism* entstandene Machtverlust gegenüber den Einzelstaaten komplizierten die Arbeit der Legislative zusätzlich. Erst 1988 unter Bush bezog das Parlament mit der Verabschiedung des *IGRA* zu diesem Thema Stellung. Dieser halbherzige Versuch zur zentralen Regelung von legalem Glücksspiel verstärkte dessen Expansion. Erst in jüngster Zeit wird man sich der nationalen Bedeutung der gesellschaftlichen Folgen des Glücksspieles und des großen Einflusses der Industrie bewußt. Die beabsichtigte Einrichtung einer neuen *Commission on the Review of the National Policy toward Gambling* wird allerseits als Anstrengung angesehen, eine zentrale Kontrolle über das Glücksspiel in den U.S.A. zu erlangen.

3.5.1.2. <u>Einzelstaaten</u>

Der Abschlußbericht der „Kommission" im Jahre 1977 befürwortete ausdrücklich die Beibehaltung der traditionell autonomen Regelungskompetenz der Einzelstaaten im Bereich des Glücksspiels. Die finanzielle Last der Neuordnung des föderalen Verhältnisses ab Mitte der achtziger Jahre brachte die Landes- und Kommunalregierungen in Zugzwang. Immer

---

[97] *The Constitution of the United States of America.* Artikel I, Sektion 8, Absatz 3.

94

mehr Politiker entschieden sich für die Legalisierung von Glücksspiel. Der Vorteil hierin liegt in der Einnahme von dringend benötigten Haushaltsgeldern bei gleichzeitiger Vermeidung von unpopulären Steuererhöhungen. Selbst den Verlockungen der Glücksspielindustrie erlegen, versuchen die *gambling*-Befürworter ihre Wähler vom universellen Nutzen einer Legalisierung des bisherigen „Übels" zu überzeugen. Die Höhe des Profits, der durch die staatliche Sanktionierung erzielt wird, begrenzt sich selbst durch das zweite Hauptargument der Glücksspiel-Advokaten. Die Bekämpfung von illegalen Wettaktivitäten ist nur erfolgreich, wenn gesetzliche Veranstalter mit ihren kriminellen Ebenbildern konkurrieren können. Die dadurch geminderten Abschöpfungsmöglichkeiten werden durch hohe Verwaltungskosten abermals reduziert, so daß der letztendliche Nettoertrag für das Budget meist geringer ist als erwartet. Gleichwohl sind die eingespielten *gambling dollars* der legalisierenden Staaten der Auslöser für einen Domino-Effekt. Nachbarstaaten, deren Bürger dem entkriminalisierten Vergnügen über die Grenze folgen, stellen moralische Bedenken in den Hintergrund und schaffen rasch die gesetzliche Basis, um ebenfalls von dem Boom zu profitieren. Diese überhastete Reaktion kann zu Mißständen führen, die später häufig bereut werden.

Die Länder begrüßen die distanzierte Haltung Washingtons in zwischenstaatlichen Glücksspielangelegenheiten einerseits, verurteilen sie jedoch andererseits bei der Regelung von *Indian gambling*. Der diesbezügliche Streit zwischen Bund und Ländern entwickelt sich in letzter Zeit zu einer Grundlagendebatte über die in der Verfassung garantierten *State Rights*.

3.5.2. <u>Die Glücksspielindustrie</u>

Waren die Unternehmensformen im kommerziellen Glücksspiel in illegalen Zeiten von kleineren Personengesellschaften und später von kriminellen Organisationen bestimmt, beherrschen heute finanzkräftige Kapitalgesellschaften den legalen Glücksspielmarkt. Auslöser dieser Entwicklung war die Zulassung von privaten Korporationen zur Lizenzverteilung in Nevada im Jahre 1969. Damals sorgte dieser Schritt dafür, daß Konzerne der Medien- und Unterhaltungsindustrie in Nevada investierten und die Personen des „Organisierten Verbrechens" aus dem Geschäft drängten. Zwar gelangen Individuen mit Verbindungen zu traditionellen Mafiafamilien bis heute in leitende Positionen der Glücksspielunternehmen, doch durch verbesserte staatliche Kontrollmechanismen, wie zum Beispiel in Nevada, geht man davon aus, daß der Einfluß des *Organized Crime* in der Glücksspielindustrie relativ gering ist.

Eine Sonderform nehmen seit Mitte der achtziger Jahre die Glücksspielunternehmungen auf den Gebieten der Indianer-Reservate ein. Da auf dem Landbesitz der *Native Americans* weder Steuern erhoben noch einzelstaatliche Polizeigewalt ausgeübt werden darf, ist es für die *Gambling Industry* besonders reizvoll zu investieren. Oftmals besitzen die nationalen Konzerne auch hier die Vormacht, aber die Staaten befürchten die Ausnutzung der Unerfahrenheit der *Natives* durch kriminelle Subjekte. Fakt ist, daß das Glücksspiel auf diesem Wege in prinzipiell abweisenden Staaten Fuß fassen konnte. Damit beschleunigten die Spielbetriebe in den Reservaten den erwähnten Domino-Effekt.

Die Unternehmen der Glücksspielindustrie versuchen, gute Beziehungen zu Staat und Bevölkerung zu unterhalten. Da die Einführung und Aufrechterhaltung von legalem Glücksspiel von mindestens einem der beiden Fraktionen abhängt, spenden sie im Vorfeld von Wahlen oder Volksabstimmungen das, was ihnen *en masse* zur Verfügung steht - Geld.

Insgesamt gesehen ist die *Gambling Industry*, die sich selbst verharmlosend als *Gaming Industry* bezeichnet, der uneingeschränkte Gewinner der Legalisierung des Glücksspiels. Gefahr geht eigentlich nur von ihr selbst aus. Korruptionsskandale sind zwar in der kapitalistischen Wirtschaftsrealität nicht außergewöhnlich. In einem Sektor, der in großem Maße von der Moralauffassung der Öffentlichkeit abhängig ist, kann jedoch ein Fehler eines einzelnen Unternehmers verheerende Folgen für die gesamte Industrie haben.

Schreitet der Boom in der Industrie im Tempo der letzten Jahre fort, erfolgt in naher Zukunft eine Sättigung des Marktes. Spätestens zu diesem Zeitpunkt tritt das ein, wovor die Glücksspielgegner heute schon warnen. Der Begriff „Kannibalismus" trifft in diesem Zusammenhang weniger auf die Vertreibung von Betrieben des Einzelhandels als auf den Konkurrenzkampf innerhalb der Glücksspielindustrie und zwischen den Staaten, die *gambling* legalisieren, zu. In letzter Zeit häufen sich die Beispiele für eine solche Handlungsweise. Donald Trump äußert sich negativ zu Vorstößen neuer Kasinos in der Umgebung von Atlantic City und kämpfte, allerdings erfolglos, gegen die Einführung einer neuen Lotterie im Nachbarstaat New York. Die Mashantucket Pequots in Connecticut drohen mit der Einstellung der Zahlungen an den Staat, wenn die Regierung das Aufstellen von *slot machines* an Orten außerhalb ihres Reservats gestattet.

3.5.3. <u>Die Bevölkerung</u>

Die Bürger der Vereinigten Staaten sind in der beschriebenen Periode aktiv in den Legalisierungsprozeß mit einbezogen worden. Das Ausmaß der basispolitischen Beteiligung wird von den jeweiligen Länder- und Gemeindeordnungen bestimmt. Im vorherigen Kapitel war festgestellt worden, daß im Laufe der Geschichte viele Staaten *anti-gambling-*

Statuten in ihre Verfassung aufnahmen. Auf einzelstaatlicher und kommunaler Ebene ist der Volksentscheid ein gebräuchlicher Weg eine Verfassungsänderung zu erlangen. In einigen Staaten ist ein Referendum unabdinglich, in anderen hat das Volksvotum nur empfehlende Bedeutung. Oft genügt eine staatsweite Abstimmung, mitunter hängt die Legalisierung zusätzlich vom Wahlergebnis in der betreffenden Gemeinde ab.

Die das Glücksspiel befürwortenden Lokalpolitiker stellen die Bürger vor die Wahl, das dringend benötigte Kapital für den öffentlichen Etat entweder durch die Erhöhung von Steuern oder durch das Abschöpfen von legalem Glücksspiel zu erzielen. Sie handeln in der Gewißheit, daß die Wähler sich für die angenehmere Finanzierungsform entscheiden. Zwischen 1968 und 1979 wurden 35 diesbetreffende Referenda abgehalten, von denen fast zwei Drittel ein *pro-gambling*-Votum zum Ergebnis hatten.[98] Das Ergebnis ist kaum verwunderlich, wenn man die mangelnde Wahlbeteiligung in den U.S.A. ins Kalkül zieht. Die einfache Argumentation der *gambling supporter* zielt auf die Gruppe der wohlhabenden Bevölkerung, deren Anteil an den Wahlen überproportional repräsentiert ist. Eine Alternative zu progressiv wirkenden Steuern ist für diese Gesellschaftsschicht grundsätzlich von Vorteil.

In den letzten Jahren ist die Beweisführung der zahlenmäßig wachsenden Glücksspiel-Opposition systematisch verbessert worden. Zu ehemals rein moralischen Bedenken kirchlicher Organisationen gesellen sich nun zeitgemäße Ausführungen glaubhafter Wissenschaftler über die sozial und ökonomisch negativen Auswirkungen des *gambling*. Im November 1995 waren Wähler aus 19 Kommunen in 7 Staaten aufgerufen, über die Verbreitung des Glücksspiels direkt zu entscheiden.

---

[98] Joyce, Kathleen M. „Public Opinion and the Politics Of Gambling". *Journal-of-Social-Issues* 35.3 (1979). S. 152.

In 15 Gebieten fiel das Ergebnis für die Advokaten von mehr Glücksspiel negativ aus.[99]

Die Unternehmen der Glücksspielbranche verstärken deshalb die direkte Einflußnahme auf die Bevölkerung. Neben der Finanzierung öffentlicher Projekte nimmt das Werben um die Gunst der Wähler bisweilen skurrile Formen an. Eine Interessengemeinschaft von drei indianischen Stämmen des Staates Washington, die auf ihren Reservaten Spielbanken eröffnen wollen, offerierte eine zehnprozentige Beteiligung aller Wahlberechtigten des Staates am Gewinn von legalen *slot machines*.[100]

---

[99] Simon, Paul. *Congressional Record Online* (30. Nov. 1995). S. S17871.

[100] Egan, Timothy. „Hedging Bets On Democracy, Casinos Offer Cash To Voters". *NYT*, Late Edition

(18. Aug. 1995) Sektion A: National Desk. S. 1.

4. <u>Die soziale Bedeutung der Legalisierung des Glücksspiels</u>

> 38,000 probable addicted gamblers in Minnesota; 100,000 people with increasing gambling problems; 6 confirmed gambling related suicides; more than 140 confirmed suicide attempts since 1992; more than 1,000 people per year declaring bankruptcy; $400,000 per year in welfare benefits withdrawn from casino ATM's and $200 to $300 million in estimated annual social costs -- taxes, lost wages, and debts.
>
> *Repräsentant Frank R. Wolf (R-Va.) vor dem US-Repräsentantenhaus am 05.12.1995* [*]

Mit diesen alarmierenden Zahlen versucht die treibende Kraft der *gambling opposition* im US-Kongreß, ihre Kollegen auf die Gefahren des Glücksspiels aufmerksam zu machen, die in der Euphorie der Staaten über die immensen Einnahmen oft vergessen werden. In Kapitel 3 ist festgestellt worden, daß der Saldo der Glücksspielposition in den öffentlichen Haushalten bei weitem nicht das hält, was man vom Bruttoertrag oder sogar vom Umsatz her erwarten könnte. Dabei waren in dieser Kostenrechnung die oben angesprochenen sozialen Aufwendungen nicht berücksichtigt.

Mit Einnahmen von 375 Mio. US-Dollar aus dem legalen Glücksspiel im Jahr 1994 liegt Minnesota im hinteren Drittel der *gambling*-sanktionierenden Staaten.[101] Umso erschrek-

---

[*] Wolf, Frank R. in: *Congressional Record Online* (5. Dez. 1995). S. H13935-36.

Zahlen aus: --. „Dead Broke" *Minneapolis Star Tribune* (3. Dez. 1995)

[101] Shapiro. S. 57

kender sind die geschätzten US$200 bis US$300 Mio., die dem Staat an sozialen Kosten aus dem Wettgeschäft entstehen. Wird mit einem Drittel des staatlichen Gewinns für Verwaltungs- und Bereitstellungskosten kalkuliert (siehe Kapitel 3.2.2.), so verbleibt dem Etat nach Abzug der veranschlagten sozialen Kosten kaum ein Profit, die Regierung muß sogar mit finanziellen Einbußen rechnen. Der volkswirtschaftliche Schaden für die gesamte Nation wäre hiernach beträchtlich.

Die Glücksspielindustrie sieht sich selbst als Teil des Dienstleistungssektors, der die Menschen mit dem geforderten Freizeitvergnügen versorgt. In einem Staat, der das *Pursuit of Happiness* als essentielles Recht seiner Bürger ansieht, ist das weder rechtswidrig noch unmoralisch. Letztendlich ist die Beteiligung an Wetten freiwillig, und kein Geschäftsmann kann für die Folgen verantwortlich gemacht werden. Der objektive Beobachter muß einerseits auf den stark spekulativen Charakter der sozialen Gesamtkostenrechnung hinweisen. Andererseits sind natürlich, trotz der Scheinheiligkeit der Industrie, die Risiken bekannt, die das Glücksspiel für den Einzelnen und die Gemeinschaft mit sich bringen kann.

Um ein realistischeres Bild von den gesellschaftlichen Gefahren des Glücksspiels darstellen zu können, muß die soziale Kostenrechnung auf ihre Einzelposten hin untersucht werden. Wissenschaftliche Analysen und Statistiken über Spielsucht bzw. Kriminalität beweisen die Gefährlichkeit des Glücksspiels. In diesem Kapitel werden die Hauptgefahrenelemente für das Individuum, die Region und die gesamte amerikanische Gesellschaft, die direkt mit dem *gambling* zusammenhängen, erörtert.

4.1. <u>Die individuelle Komponente</u>

Bei einer Einwohnerzahl Minnesotas von zirka 4,4 Mio. im Jahr 1994[102] würde die Gruppe der 138.000 Spieler, die laut einer unabhängigen Umfrage zugeben, zumindest erhebliche Probleme mit dem Glücksspiel zu haben, etwas mehr als drei % der Bevölkerung ausmachen. Andere Quellen erwähnen ähnliche Daten. So haben zum Beispiel Untersuchungen in Iowa ergeben, daß 1995 bei fast fünfeinhalb % der Einwohnerschaft Anzeichen einer Sucht erkennbar waren.[103] Laut Studien des *Zinberg Center for Addiction Studies* an der *Harvard University* ist zu erwarten, daß dreieinhalb bis fünf % aller Spieler von ihrem „Hobby" abhängig werden.[104] Doch die Informationen, die weitgehend zu korrespondieren scheinen, können auf unterschiedlichen Definitionen grundlegender Fakten basieren. Selbst unter Wissenschaftlern herrscht Uneinigkeit über die Fixierung des Begriffes *„problem gambler"*. Sind diese Spieler ausschließlich krankhaft veranlagt, oder muß man schon Gelegenheitsspieler, die hohe Einsätze riskieren, in diese Gruppe mit einbeziehen?

Der Psychologe Richard Rosenthal beanstandet die simplifizierte Verwendung der Bezeichnung besonders bei journalistischen und politischen Werken:

---

[102] *Funk & Wagnall's New Encyclopedia.* Microsoft Encarta '95. Redmond,WA (1994)

[103] Shapiro. S. 59

[104] Simurda, Stephen J. „When Gambling Comes to Town". *Columbia Journalism Review.*

zitiert in: *Congressional Record Online* (5. Jan. 1995). S. S522

Elsewhere the choice is made for aesthetic or literary reasons, as when „pathological gambler" has already appeared twice in the paragraph, and the author wishes to avoid repetition. ... the term has become something of a wastebasket.[105]

Es ist somit notwendig, die Gründe für das Spielen im allgemeinen zu erörtern, um dadurch Rückschlüsse auf die Entfaltung des Krankheitsbildes des „pathologischen Spielers" ziehen zu können.

4.1.1. <u>Motive für die Glücksspielaktivität</u>

So uneinheitlich die Persönlichkeiten der Spieler sind, so vielfältig sind auch deren Beweggründe für die Spieltätigkeit. Bei der Umfrage des *Survey Research Centers of the University of Michigan* von 1974, die der „Kommission" als Grundlage, waren die vorwiegenden Triebfedern der Spieler die Aussicht, Geld zu gewinnen und der Unterhaltungswert dieser Art von Freizeitbeschäftigung. Diese zwei zentralen Leitmotive werden natürlich durch bestimmte Einflußmomente bedingt. In der wissenschaftlichen Literatur werden etliche Faktoren festgehalten, die sehr spezifisch sind und sich oftmals nur durch eine individuelle Begriffsbezeichnung des Autors unterscheiden.

Zusammenfassend kann man drei primäre Einflußbereiche festhalten, die durch einige Beispiele erläutert werden sollen:

---

[105] Rosenthal, Richard J. „Pathological Gambling and Problem Gambling". *Compulsive Gambling.*
  Shaffer, Howard (Hg.). Lexington (1989). S. 119 (nachstehend angeführt als Rosenthal)

a) <u>Der kulturelle Einfluß</u> bestimmt die Grenzen, in denen sich das Glücksspiel in einer Gesellschaft ausbreiten kann. Sitten und Gebräuche, die meist religiöse Wurzeln haben, determinieren im historischen Prozeß die Art und Anzahl ritueller Spiele und den allgemeinen Umgang mit ihnen. So kannten die Aborigines Australiens vor der Kolonisierung keine Glücksspiele.[106] Kulturelle Veränderungen innerhalb einer Volksgemeinschaft wirken auf die weitere Verbreitung der Wettgewohnheiten. Revolutionen auf religiösem und politischem Gebiet entscheiden über die zukünftige Anerkennung von bestimmten Glücksspielarten. Beispiele für den stetigen Wandel in der Verfügbarkeit von *gambling* durch religiös-moralische und staatliche Einwirkung werden im historischen Kapitel dieser Arbeit angesprochen. Schon im Abschlußbericht der „Kommission" von 1976 wird registriert, daß eine Legalisierung von Glücksspiel die Teilnahme an diesem erhöht. Mit der Herausbildung von gesellschaftlichen Gruppierungen und dem hieraus entstehenden Traditionsbewußtsein bestimmt die Kultur den unmittelbaren Lebensraum des Individuums.

b) <u>Das soziale Umfeld</u> bestimmt das gesamte Leben eines Menschen und trägt zusätzlich zur Ausbildung von positiven bzw. negativen Neigungen zum Glücksspiel bei. Von klein auf wird das Individuum durch allgemeines rollen- und gruppenspezifisches Verhalten geprägt. So sind in <u>Abbildung 5</u> zum Teil erhebliche Unterschiede in der Spielaktivität zwischen den Geschlechtern, verschiedenen Volksgruppen und Glaubensgemeinschaften festzustellen. Eine unmittelbare Konfrontation von Familienmitgliedern oder Personen aus dem nahen Bekanntenkreis mit Glücksspiel kann eine Präfe-

---

[106] Walker, Michael B. *The Psychology of Gambling*. Oxford (1992). S. 123

104

renz für das Spiel fördern. Eine Auswertung von fünf Umfragen an amerikanischen *High Schools* zwischen 1984 und 1988 ergab, daß 82 % der spielenden Schüler zum ersten Mal mit Glücksspiel in Berührung kamen, bevor sie das 15. Lebensjahr vollendet hatten.[107] In der Literatur nicht erwähnt, aber durch persönliche Erfahrungen begründet, kann am Arbeitsplatz die Spielleidenschaft weiter gefördert werden. In den Arbeitspausen verwandelt sich eine Montagehalle nicht selten in eine illegale Spielhalle.

c) <u>Die Persönlichkeitsstruktur des Einzelnen</u> wird durch beide genannten Bereiche beeinflußt. Im Endeffekt ist es jedoch die Person selbst, die sich für oder gegen die Wettaktivität entscheidet. Untersuchungen von krankhaften Spielern in den achtziger Jahren haben ergeben, daß die auslösenden Momente für eine Glücksspieltätigkeit ähnlich denen bei erhöhtem Alkohol- oder Drogenkonsum sind. Streßsituationen und das Verlangen nach Anerkennung werden durch Einflüsse aus dem direkten Umfeld und gesellschaftliche Zwänge bestimmt. Aus der oben angesprochenen Schuluntersuchung geht hervor, daß Kinder von krankhaften Spielern in größerem Ausmaß Ersatzbefriedigungen suchen als Kinder aus einem normalen Elternhaus.[108] Auf der anderen Seite suchen Menschen Abwechslung zu ihrem ereignislosen Leben. Besucht man an einem normalen Werktag die Kasinos am Atlantic City *Boardwalk,* so registriert man mehrheitlich Pensionäre an den Spielautomaten. Die Flucht in eine Scheinwelt wird folglich als ein Ausweg aus dem Alltag gewählt. In dieser Phantasie-

---

[107] Jacobs, Durand, F. „Illegal and Undocumented: A Review of Teenage Gambling and the Plight of
 Children of Problem Gamblers in America". *Compulsive Gambling.* Shaffer, Howard (Hg.).
 Lexington (1989). S. 252 (nachstehend angeführt als Jacobs)
[108] Jacobs. S. 274

welt ist rationales Handeln von nebensächlicher Bedeutung. Geldverluste sind nicht wichtig, extravagante Gewinnsysteme werden ausgearbeitet oder auf eine individuelle Glückssträhne vertraut.

Abbildung 5:
Vergleiche von Teilnahmequoten in Prozent am Glücksspiel in Nevada

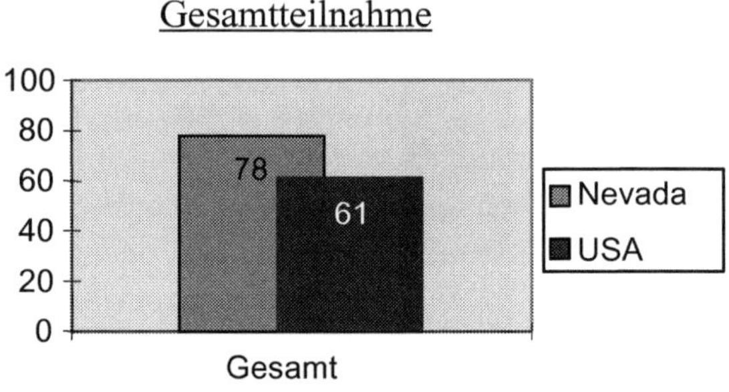

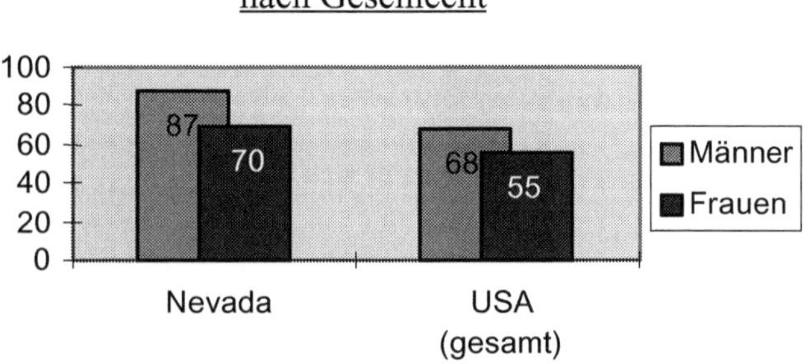

nach Hautfarbe

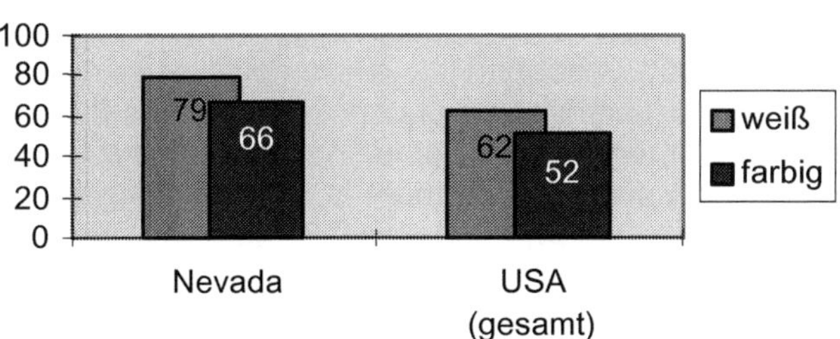

nach Konfession

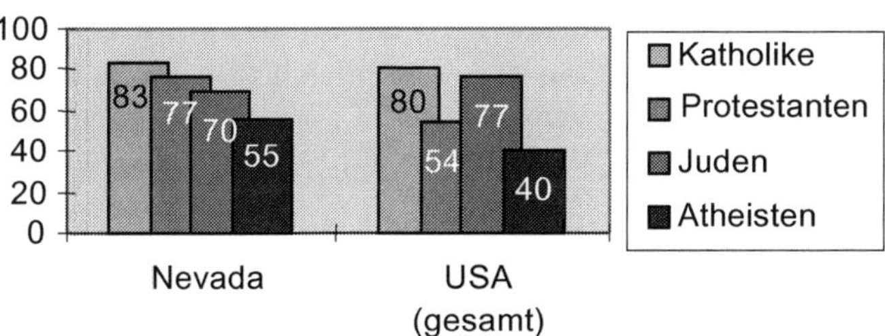

nach Herkunft

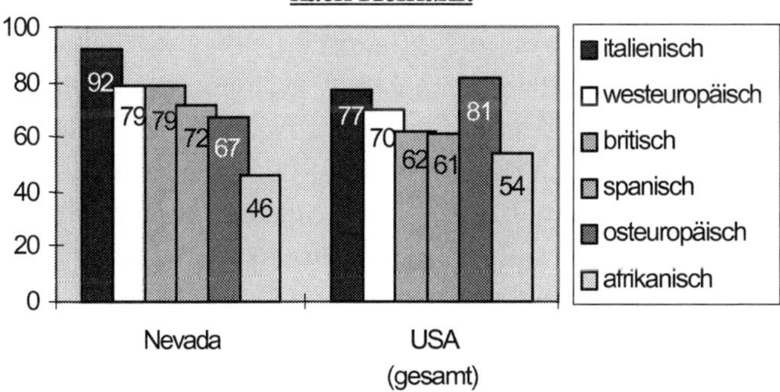

Quelle:

Helsing, Patricia. *Gambling in America*. Final report of the Commission on the Review of the National Policy toward Gambling. Washington (1976). S. 61; Table 4-3

4.1.2. <u>The *compulsive gambler*</u>

> ... the characteristics ... associated with the personality type usually described as a „compulsive gambler" ... may not distinguish sharply enough between this disorder and others. On the other hand, the survey results do strongly suggest that there is a significant number of persons for whom heavy gambling may be a problem.[109]

Der Kommentar der „Kommission" ist charakteristisch für Untersuchungen, die bis Ende der siebziger Jahre zu diesem Thema durchgeführt wurden. Das Problem des zwanghaften Spielens ist zwar schon seit langem bekannt, doch erst seit 1980 ist das *pathological* oder *compulsive gambling* als eigenständiges Krankheitsbild definiert und anerkannt. Mit der Erstellung eines diagnostischen Fragebogens, der weitgehend mit dem Test für Drogensüchtige übereinstimmt, werden seither Spielsüchtige von Psychologen wissenschaftlich identifiziert und statistisch erfaßt. Einerseits kann dem sogenannten *Diagnostic and Statistical Manual (DSM)* die Analogisierung der verschiedenen Suchterkrankungen zum Vorwurf gemacht werden, andererseits hat es erheblich zur juristischen und politischen Anerkennung des pathologischen Spielens beigetragen. Die Wissenschaftler verbessern das *DSM* allerdings laufend durch das Einbringen neuer Erkenntnisse. Ein weiteres Manko des *DSM* ist, daß nur die Spieler statistisch erfaßt werden, die sich selbst in eine kostenpflichtige psychiatrische Behandlung begeben.

Alternativ bieten Selbsthilfeorganisationen honorarfreie Unterstützung an. Nach dem Vorbild der „Anonymen Alkoholiker" ist die 1957 gegründete, unabhängige Vereinigung der

---

[109] Helsing. S. 74

108

Gamblers Anonymous (GA) die bevorzugte Anlaufstelle für Menschen mit Glücksspielproblemen. Im Gegensatz zu den neun Punkten des DSM, die ausschließlich Ärzten als Bemessungsgrundlage vorbehalten sind, wenden sich die 20 leicht verständlichen Fragen der *GA* (s. <u>Abbildung 6</u>) direkt an die Betroffenen. Beantwortet man mindestens sieben von diesen positiv, so zählt man laut *GA* zu dem Kreis der gefährdeten Personen.

Most compulsive gamblers will answer yes to at least seven
of these questions.

1. Do you lose time from work due to gambling?
2. Is gambling making your home life unhappy?
3. Is gambling affecting your reputation?
4. Have you ever felt remorse after gambling?
5. Do you ever gamble to get money with which to pay
    debts or to otherwise solve financial difficulties?
6. Does gambling cause a decrease in your ambition or efficiency?
7. After losing do you feel you must return as soon as possible and win back your losses?
8. After a win do you have a strong urge to return and win
    more?
9. Do you often gamble until your last dollar is gone?
10. Do you ever borrow to finance your gambling?
11. Have you ever sold any real or personal property to
    finance gambling?
12. Are you reluctant to use „gambling money" for normal
    expenditures?
13. Does gambling make you careless of the welfare of your
    family?
14. Do you ever gamble longer than you had planned?
15. Do you ever gamble to escape worry or trouble?
16. Have you ever committed, or considered committing, an
    illegal act to finance gambling?

17. Does gambling cause you to have difficulty in sleeping?

18. Do arguments, disappointments or frustrations create within you an urge to gamble?

19. Do you have an urge to celebrate any good fortune by a few hours of gambling?

20. Have you ever considered self destruction as results of your gambling?

Quelle:

Lesieur, Henry R. *Compulsive Gambling*. Ann Arbor (1976).

Psychologen und *GA*-Mitglieder stimmen über den progressiven Verlauf der Krankheit überein. Weiterhin teilt man die Auffassung, daß die verschiedenen Glücksspielformen jeweils unterschiedliche Effekte in bezug auf die Abhängigkeit haben. Je schneller die Abfolge der einzelnen Spiele ist, desto höher ist die Suchtgefahr. Dabei spielt es anfänglich keine Rolle, ob der Einsatz gering oder hoch ist. Aus diesem Grund werden beispielsweise *Video Lottery Terminals* und *slot machines* oft als „Crack der Glücksspiele" bezeichnet, während wöchentliche Lotterien als kaum gefährlich angesehen werden. Ist der kranke Spieler jedoch einmal „infiziert", können auch als harmlos geltende Glücksspielarten zu übermäßiger Risikobereitschaft führen.

Während die *GA* auf der Unprofessionalität ihrer Organisation besteht und es für unerheblich hält, die verschiedenen Phänotypen der Glücksspieler zu definieren, versucht die Wissenschaft über eine einheitliche Klassifizierung die Grenze zwischen krankhafter und normaler Glücksspielaktivität zu bestimmen. Die Einteilung von Rosenthal repräsentiert die gegenwärtige wissenschaftliche Ansicht. Er unterteilt die erste Gruppe der Unterhaltung und Geselligkeit suchenden Spieler in Gelegenheitsspieler, Freizeitspieler und ausgeprägte Freizeitspieler. Die zweite Gruppe bilden die „Problemspieler", die gewohnheitsmäßig spielen und in einigen Fällen ihr Bedürfnis kontrollieren können. Die Mehrheit dieser *habitual gamblers* bemerkt dagegen nicht mehr, daß sie die Kontrolle längst verloren hat. Der Übergang zum pathologischen Spieler erfolgt dann beinahe zwangsläufig.[110] Wie auch bei anderen Abhängigkeiten flüchtet der krankhafte Spieler vor den Alltagsproblemen in eine Scheinwelt. Durch die Mannigfaltigkeit der individuellen Wesensarten ist es kaum möglich

---

[110] Rosenthal. S. 120

112

allgemeingültige Symptome festzulegen. Gilt der euphorische Hysteriker als Musterbeispiel für einen Spielabhängigen, so kann auch der nach außen hin teilnahmslos wirkende und berechnende Profispieler die Gewalt über seine Leidenschaft verloren haben.

Die Behandlungsmethode der *GA* wird durch die Satzung im allgemeinen und ein Zwölf-Punkte-Programm im besonderen festgelegt. Das persönliche Bekennen der Krankheit ist Grundvoraussetzung, um in die Gemeinschaft aufgenommen zu werden. Die Hilfe zur Selbsthilfe wird in erster Linie durch Erfahrungsaustausch mit anderen Kranken und zusätzlich von ehrenamtlichen Sachkundigen, sogenannten *special workers*, erteilt. Die Gruppentherapie steht im Mittelpunkt und bestimmt die Einheitlichkeit des Programms. Bei näherer Ansicht der Satzung und des Programms ist ihr dogmatischer Charakter festzustellen. Obwohl Verbindungen zu religiösen Sekten bestritten werden, haben der devote Sinngehalt des Reglements, vage Formulierungen über die Finanzierung der Vereinigung sowie der missionarische Grundauftrag eine eher abschreckende Wirkung.

> Some individuals and groups simply do not feel comfortable at GA meetings. For example, minority group members and women rarely join Gamblers Anonymous.[111]

Trotz dieser negativen Begleitumstände gilt das *GA*-Programm auch unter Wissenschaftlern als sehr erfolgreich für diejenigen Spieler, die sich den Regeln unterwerfen. Als Gründe geben objektive Sachverständige die regelmäßige und langfristige Betreuung und die Tatsache an, daß die Spieler

---

[111] Rosecrance, John. „Controlled Gambling: A Promising Future". *Compulsive Gambling.*
Shaffer, Howard (Hg.). Lexington (1989). S. 150

selbst wohl die besten Experten auf diesem Gebiet sind. Bei den Erfolgsquoten um die 90 % ist allerdings zu bedenken, daß aufgrund der angesprochenen unprofessionellen Diagnostik viele Problemspieler in die Gruppen aufgenommen werden, die in Fachkreisen nicht als chronisch krankhaft definiert werden.

Die Heilmethoden der Fachärzte sind aufgrund der verschiedenen Klassifizierungspraktiken höchst uneinheitlich. Die Therapien haben jedoch gegenüber dem *GA*-Programm den Vorteil, daß sie durch die diagnostischen Fähigkeiten der Psychologen individuell auf den Patienten abgestimmt werden können. Unter anderem wird, im Gegensatz zum limitierten Kreis der „Anonymen Spieler", häufig die Familie des Kranken in die Behandlung mit einbezogen. Beachtet man die Punkte 1.2.b) und c) dieses Kapitels, so wird die Wichtigkeit dieser integrierenden Maßnahme verständlich. Seit Anfang dieses Jahrzehnts werden die zahlreicher auftretenden Patienten aus Kostengründen vermehrt ambulant behandelt. Die Erfolgsquote von 50 bis 75 % bei Ende der meisten Programme wird durch Nachuntersuchungsergebnisse von 20 bis 50 % nach einem Jahr erheblich geschmälert.[112] Eine langfristige Behandlung nach dem Modell der *GA* ist für chronisch abhängige Spieler offenbar am aussichtsreichsten. Der neueste therapeutische Ansatz zielt auf eine bewußte Kontrolle der Spielaktivität durch *pathological gamblers* ab. Dieser Sachverhalt ist in Anbetracht der bisherigen Erkenntnis, daß die einzige Heilungschance für den Kranken die vollkommene Abstinenz sei, geradezu revolutionär. Der Vorschlag basiert auf der allgemein gültigen Annahme, daß der auslösende

---

[112] Gambino, Blase und Cummings, Thomas. „Treatment for Compulsive Gambling: Where are We
   now?" *Compulsive Gambling*. Shaffer, Howard (Hg.). Lexington (1989). S. 325

Zeitpunkt für die Spielsucht zwischen den Stadien des Gewohnheitsspielers und des zwanghaften Spielers zu finden ist. Durch den stetigen Erfahrungsaustausch mit kontrollierten Gewohnheitsspielern und nicht, wie bei *GA* mit enthaltsamen zwanghaften Spielern, soll die verlorene Gefühlsbeherrschung der kranken Glücksspieler wieder zurückgewonnen werden. Die Aussicht, daß chronisch kranke Spieler den expandierenden Glücksspielmöglichkeiten im amerikanischen Alltag kontrolliert begegnen können, ist vielversprechend. Doch der relativ kurze Forschungszeitraum auf dem Gebiet des *compulsive gambling* und die langjährigen Erfahrungen mit den verwandten Suchtkrankheiten schränken die Hoffnungen in dieses Projekt ein.

Über die Gesamtzahl der *pathological gamblers* in den Vereinigten Staaten gibt es viele Spekulationen. Wurde die Quote im Kommissionsbericht von 1976 noch mit 0,77 % bemessen, so wird sie heute auf Werte zwischen 1,5 und 6 % geschätzt. Auffällig oft werden die Untersuchungsergebnisse Rachel Volbergs von 1988 zitiert. Ihre allenthalben als am zuverlässigsten angesehene Analyse konstatierte damals, daß 4,2 % der amerikanischen Bevölkerung als potentiell gefährdet gelten. Dieser Prozentsatz liegt im Bereich der aktuellen Untersuchung des *Zinberg Center* (Kapitel 4.1.). Auch die Schätzungen der *GA* von 1990 gehen mit 10 Mio. Betroffenen oder etwa 4 % der Amerikaner in diese Richtung.[113]

---

[113] Worsnop. S. 644

4.1.3. <u>Reaktionen der Regierungen und der Industrie</u>

> Pathological gamblers engage in forgery, theft, embezzlement, drug dealing and property crimes to pay off gambling debts. They are responsible for an estimated $1.3 billion worth of insurance-related fraud per year which is borne by the rest of us in the form of increased premiums, deductibles, or copayments. Each problem gambler costs Government and the private economy $13,200 a year according to conservative estimates. [114]

Bei zirka 10 Mio. *problem gamblers* würden die jährlichen Kosten für die Volkswirtschaft bei US$132 Mrd. liegen, dreieinviertel mal so hoch als der Gesamtgewinn aus dem legalen Glücksspiel. Nicht nur die einzelstaatlichen Parlamente, sondern selbst die Glücksspielindustrie erklärt sich bereit, ihren Teil zur Lösung des Problems beizutragen. Eine Kooperation mit den Behörden ist schon aus Gründen der Harmonie mit dem Gesetzgeber geboten. Außerdem wird das Image der *„predatory industry"* in der Bevölkerung durch diese Maßnahmen verbessert.

Grundsätzlich ist das Mindestalter zur Teilnahme am Glücksspiel auf 21, teilweise auch auf 18 Jahre festgesetzt worden. Die Pläne der Regierungen zur Prävention von krankhaftem Glücksspiel befassen sich vornehmlich mit dem Kasinogeschäft. Die dort vorkommenden Glücksspielformen werden allgemein als die „gefährlichsten" angesehen. Die einzelstaatlichen *gambling councils* erlassen bestimmte, den Standort und die Größe, die Öffnungszeiten, die Anzahl der Spielgeräte und den Gesamteinsatz pro Spieler betreffende Auflagen für

---

[114] Wolf, Frank R. „Legalized Gambling Not a Good Bet". *Congressional Record Online* (29. Nov. 1994)

die Spielbankbetriebe. Wie erwähnt, wurde die Einführung von Kasinos in Form von *Riverboat or Cruiseship Gambling* in einigen Staaten als probates Mittel zur Begrenzung von Ort und Kapazität angesehen. Die Kasinoboote in Davenport, Iowa durften 1991 nur zu bestimmten Zeiten ablegen und darüber hinaus jedem Kunden Jetons im Wert von höchstens US$200 verkaufen.[115] In Illinois wurde mit einem Pro-Kopf Limit von US$500 ähnlich verfahren.[116] In Deadwood, South Dakota wurde den landgebundenen Spielbanken nur die Veranstaltung von *blackjack* und *poker* erlaubt.[117] Die Spielautomatenhersteller sind angewiesen, Warnhinweise auf den Geräten anzubringen. Spielbanken veranstalten Trainingsprogramme für ihr Personal, die auf Erkennung und Behandlung von krankhaften Spielern ausgerichtet sind. Plakate sollen an den Besucher eines Kasinos appellieren, maßvoll zu spielen und weisen auf Telefonnummern für hilfesuchende Problemspieler hin. Viele Unternehmen der Industrie sind Sponsoren von Hilfsprogrammen für *compulsive gamblers.*

Die Realität zerstört jedoch meistens die guten Vorsätze. In Anbetracht der Konkurrenz aus den benachbarten Staaten hob Iowa sowohl das Einsatzlimit als auch die begrenzten Öffnungszeiten für ihre *casino boats* auf. Weil Spielautomaten den meisten Profit versprechen, werden sie seit Anfang dieses Jahrzehnts verstärkt legitimiert, obwohl sie als äußerst suchtgefährdend gelten. Trotz des Spezialtrainings schätzen Wissenschaftler die Chancen von Kasinoangestellten einen

---

[115] Babington, Charles. „Casinos Not a Sure Bet, Other States Discover". *Washington Post*
    (6. Aug. 1995). Zitiert von Senator Richard G. Lugar in: *Congressional Record Online*
    (1. Nov. 1995). S. S16513
[116] Siler, Charles. „Why are Las Vegas and Atlantic City yawning?". *Forbes* (30. April 1990). S. 140.
[117] --. „On a roll". *The Economist* (20. Jan.. 1990). S. 32

Problemspieler zu identifizieren, als sehr gering ein. Die gesetzlich verlangten Hinweise über die Gefahr der Spielsucht sind vielfach kaum wahrnehmbar. 1991 wurden insgesamt 300.000 Jugendliche unter 21 Jahren in den Kasinos von Atlantic City aufgegriffen oder vom Aufsichtspersonal am Betreten der Spielbank gehindert.[118]

Die Aussage Frank Fahrenkopfs erklärt das insgesamt halbherzige Verhalten der *Gambling Industry* und der glücksspielbefürwortenden Politiker:

> The bottom line is that the vast majority of the public does not have a problem with gaming, and those who don't have a problem should have the opportunity to enjoy gaming if they choose to do so.[119]

---

[118] Sherman, William R. „A Casino Company's Response to Compulsive Gambling".
   in: Eadington, William R. (Hg.). *Gambling and Public Policy*. Reno (1991). S. 677
[119] Shapiro. S. 59

118

4.2. <u>Die regionale Komponente - Anstieg der Kriminalitätsrate</u>

Der zweite große Posten in der sozialen Kostenrechnung der Glücksspielgegner besteht aus den staatlichen Aufwendungen, die auf kriminellen Handlungen im Zusammenhang mit *gambling* basieren. Glücksspielveranstaltende Bezirke und Gemeinden sind die unmittelbar Betroffenen dieses Sachverhalts. Zwar deuten Politiker aus taktischen Gründen auf die nationale Dimension der Kosten hin, der negative Einfluß auf die kommunale Gemeinschaft und die Lebensqualität der dort wohnenden Menschen trifft jedoch allein die Region. Dies ist besonders bedauerlich, weil im Grunde die Regionen von der Legalisierung des Glücksspiels profitieren sollen. Fast ausnahmslos sind in diesem Zusammenhang die Bezirke betroffen, die den Betrieb von Kasinos legalisierten. Als Musterbeispiel für die Anziehungskraft von legalisiertem Glücksspiel auf die Kriminalität in der Gegenwart wird wiederholt Atlantic City hervorgehoben.

> Since the advent of casinos in Atlantic City crime has increased significantly ... From 1978 through 1980 the crime index increased each year over the previous year by 30.7%, 22.2% and 69.7% respectively. The crime index statewide increased for the years 1978-80 by 1.8%, 11.6% and 10.4%.[120]

Eine Studie über einen Zeitraum von sechs Jahren in Minnesota dokumentiert einen doppelt so starken Anstieg der

---

[120] League of Women Voters of Pennsylvania. *Legalization of Gambling in Pennsylvania.*
Philadelphia (1984). S. 15

Verbrechensrate in *Counties* mit Spielbanken im Vergleich zu kasinofreien *Counties*.[121]

Im Gegensatz zu Kapitel 3.4.1. soll die Form von Kriminalität behandelt werden, die nicht als „organisiert" bezeichnet wird. Die Bandbreite dieser Verbrechen ist groß. Sie reicht von Fällen von *White Collar*-Kriminalität bis zu Gewaltverbrechen. Aus den vorliegenden Quellen kann geschlossen werden, daß die mit dem Glücksspiel verbundenen Verbrechen in drei Ursprungsbereiche eingeteilt werden können. Diese sollen im folgenden mit den gegenwärtigen Maßnahmen der Polizei zur Aufrechterhaltung der öffentlichen Ordnung sowie den finanziellen und strafrechtlichen Folgen für die Täter veranschaulicht werden.

4.2.1. Kriminalität durch *pathological gambler*

Ähnlich wie bei anderen Suchtkrankheiten ist die Beschaffungskriminalität ein begleitendes Phänomen des krankhaften Glücksspiels. Durch den Verlust der Kontrolle über ihre Spielleidenschaft geraten unbescholtene Bürger in die Gefahr, kriminell zu werden. Exzessives Glücksspiel ist ein kostenintensiver Zeitvertreib. Durch den krankheitsbedingten Realitätsverlust während der Spielphasen werden die finanziellen Einbußen von pathologischen Spielern nicht registriert. Im Alltagsleben müssen sich die Spieler die finanzielle Grundlage verschaffen, um in ihre Phantasiewelt fliehen zu können. Beim progressiven Verlauf der Spielkrankheit werden ständig höhere Geldbeträge benötigt, die der Kranke letztendlich aus kriminellen Handlungen beziehen muß. Abhängig von der

---

[121] Ison, Chris and McGrath, Dennis J. „Gambling's Toll in Minnesota". *Minneapolis Star Tribune.*
   zitiert in: Simon, Paul. *Congressional Record Online* (15. Apr. 1996). S. S3324
   (nachstehend angeführt als Ison & McGrath)

120

Persönlichkeit und dem sozialen Umfeld des Spielers, wird der Kapitalbedarf durch Straßenkriminalität oder Vermögensdelikte am Arbeitsplatz gedeckt.

Letztere Verbrechen werden der *White Collar*-Kriminalität zugerechnet. Die Beträge, die hierdurch unterschlagen werden, sind oft beträchtlich und werden wegen ihrer Spektakularität gerne in der Argumentation der *gambling*-Gegner angeführt:

> Reva Wilkinson, of Cedar, is now in federal prison for embezzling more than $400,000 from the Guthrie Theater to support her gambling habit. ... In June 1993 Theresa Erdmann was charged with stealing nearly $120,000 from the checking account and weekly offerings at St. Michael's Catholic Church in Madison. She said the money was blown on gambling, and now she's serving a three-year sentence in a state prison.[122]

Ein weiterer Grund für die häufige Erwähnung dieser Delikte in *anti-gambling*-Pamphleten ist, daß die Straftäter meist einem geordneten Milieu entstammen. Da die Spielsucht nicht die Physis des Kranken angreift, bleibt er bis zur Aufdeckung des Deliktes unauffällig. Es ist nicht unüblich, daß der Täter zum ersten Mal straffällig wird und die Entlarvung erst nach längerer Zeit stattfindet. Dadurch lassen sich die durch Spielschulden aufgelaufenen hohen Geldbeträge erklären. Rechnet man die Korruption unter Politikern und Beamten dazu, ist die nationale Bedeutung des *White Collar Crime* für die amerikanische Gesellschaft nicht zu verkennen. Inwieweit *gambling* am gegenwärtigen Phänomen beteiligt ist, belegt der Hinweis aus einer Rede von Kongreßmitglied Wolf: „ ... the

---

[122] Ison & McGrath. S. S3324

American Insurance Institute estimates that 40 percent of all white collar crime is gambling related."[123]

Durch die Verwicklung von einigen zwanghaften Spielern in die Straßenkriminalität wird die Anwendung von Gewalt häufig als suchtbegleitendes Verhalten angesehen. Aufgrund der Divergenz der Charaktere unter den *compulsive gamblers* ist es jedoch unangebracht, speziell diese Gruppe für einen regionalen Anstieg von Gewaltverbrechen und Vergewaltigungen verantwortlich zu machen.

Wird ein krankhafter Spieler eines Verbrechens überführt, so steht die Straftat natürlich im Mittelpunkt des Prozesses. Für Ermittler und Staatsanwaltschaft besteht kein Grund für eine Sonderbehandlung des Täters. Das Strafmaß wird wie üblich nach der Schwere des Deliktes festgelegt. Die meist hohen Summen, die zwanghafte Spieler für ihre Leidenschaft unrechtmäßig erwerben, erfordern folgerichtig ein hohes Strafmaß. Trotz einer Ersttäterschaft werden, wie in den beiden zitierten Fällen, empfindliche Haftstrafen erlassen. Große Teile des Arrestes verbringt der straffällig gewordene Spieler immerhin in einer Therapiestelle.

4.2.2. <u>Glücksspiel als Magnet von nichtorganisierten Straftätern</u>

Einen nicht zu verachtenden Beitrag am Anstieg der Kriminalitätsrate in Gemeinden mit Spielbanken dürfte die Anziehungskraft dieser für nichtansässige kriminelle Subjekte leisten. Die Konzentration von Kapital, der Strom der Glücksspieltouristen und das gewaltige Kontingent an Bargeld auf engem Raum ist von großem Anreiz.

---

[123] Wolf, Frank R. „Legalized Gambling Not a Good Bet". *Congressional Record Online*
(29. Nov. 1994)

Die oft zitierte Arbeit von Simon Hakin über die Entwicklung der Kriminalität in Atlantic City von 1972 bis 1984 bestätigt den Inhalt des Zitats der *League of Women Voters of Pennsylvania*. Überdies stellte Hakin fest, daß ein regelrechter Pendlerverkehr der Kriminellen aus dem Umland stattfindet.

> Communities along the major transportation corridor to New York and to Philadelphia showed a similar temporal pattern of all crimes but burglaries. The pattern is evident up to a distance of approximately thirty miles from Atlantic City.[124]

Das beweist zum ersten die gewaltige Attraktivität der Spielbanken für Kriminelle und zum zweiten, daß sich das Verbrechen nicht wie in vergangenen Zeiten auf den Kasinobezirk begrenzt, sondern die gesamte Region betreffen kann. Der übermäßig hohe Anstieg für Gewaltverbrechen, laut Hakin 81 % zwischen 1970 und 1980, ist ein weiteres Indiz dafür, daß versierte Gesetzesbrecher aus den Großstädten der Ostküste angezogen wurden.

Die Tatsache, daß Hakins Report von 1985 auch noch 10 Jahre später in der Argumentation der Glücksspielgegner als einzige fundierte Quelle bezüglich des Anstiegs der Kriminalität herangezogen wird, wirkt auf einen objektiven Beobachter der Legalisierungsdebatte jedoch etwas befremdend. Neuere Ermittlungen geben meist gegenstandslose Schätzwerte wieder. Frank Wolfs Versuch, sich das Ergebnis einer ähnlichen Analyse neueren Datums zunutze zu machen, ist wenig überzeugend. Das *Florida Department of Law Enforcement* kam in seiner Studie im Vorfeld des 1994er Referendums über die Einführung von legalen Kasinos im *Sunshi-*

---

[124] Hakin, Simon. *The Impact of Casino Gambling on Crime in Atlantic City and Its Region.*
Philadelphia (1985). S. 4-3

ne State zu dem „überraschenden" Ergebnis: „crime does accompany casinos."[125]

4.2.3. <u>Illegales Glücksspiel</u>

Durch die Veranstaltung von und der Beteiligung an illegalem Glücksspiel werden auch heute noch Milliardenbeträge pro Jahr umgesetzt. Der Legalisierungsboom der letzten 20 Jahre, der von den Regierungen unter anderem auch zur Bekämpfung des illegalen Glücksspiels initiiert wurde, konnte diese Entwicklung nicht verhindern. Da die Legalisierung von Spielbanken, trotz verstärkter Bemühungen seit 1990, immer noch hinter anderen Glücksspielformen im Rückstand ist, konzentrieren sich kriminelle Spielveranstalter vorzugsweise auf nachfragestarke Kasinospiele. Wie in der Vergangenheit sind die Hauptzentren in den Großstädten zu finden. Die Ursache hierfür liegt in der vorsichtigen Standortwahl der Regierungen für legale Kasinos, weitab der Metropolen.

Für den illegalen Spielbetrieb werden ständig wechselnde Räumlichkeiten angemietet. In einem Artikel der *New York Times* wird sogar von einer Synagoge als Veranstaltungsort berichtet. Stadtbewohner, denen der Weg in die ländlichen Kasinos zu weit oder zu beschwerlich ist, zählen zur Kundschaft der unrechtmäßigen *neighborhood casinos*. Die Polizei schätzt, daß einige Veranstalter bis zu US$50.000 pro Nacht verdienen.[126]

Die Intensität, mit der Polizei und Staatsanwaltschaft die einzelstaatlichen *gambling*-Gesetze durchsetzt, ist regional

---

[125] Zitat aus: Wolf, Frank R. „Legalized Gambling Not a Good Bet". *Congressional Record Online*
(29. Nov. 1994)
[126] Sudetic, Chuck. „Gambling Finds Haven in Temples". *NYT*, Late Edition
(7. Mai 1995); Sektion 1: Metropolitan Desk. S. 45

unterschiedlich. Die Behörden beziehen dabei die allgemeine Haltung der Bevölkerung gegenüber dem Glücksspiel in ihre Aktivitäten mit ein. Eine gemeinsame Studie der *University of Massachussetts*, des *MIT* und *Harvard* von 1978 ergab, daß „Citizens did judge other crimes to have greater priority for enforcement than gambling violations."[127]

Im Zuge der verstärkten Legalisierung ist die Mehrheit der Amerikaner auch gegenüber der Ausübung von illegalem Glücksspiel toleranter geworden. Folglich ist die Vorgehensweise der Polizei sowie die Bestrafung der Täter scheinbar sogar auf dem Stand der Jahrhundertwende verblieben. Noch immer wird die Taktik der sporadischen Razzien in bekannten Spielhöllen angewandt und noch immer stellen geringe Geldbußen um US$1.000,- oder kurze Haftstrafen bis zu einem Jahr keine Abschreckung für kriminelle Spielbankbelegschaften dar. Die Empfehlung der „Kommission", sich bei der Fahndung auf die großen Figuren mit möglichen Beziehungen zum „Organisierten Verbrechen" zu konzentrieren, genießt auch gegenwärtig Priorität.

Aufgrund der inzwischen liberalen Glücksspielgesetze können den Spielern selbst keine rechtswidrigen Handlungen vorgeworfen werden. Für die Staatsanwaltschaft ist es schwer, eine Tat, die dem Gesetz entspricht, in solchen Angelegenheiten zu bestrafen. Als Zeugen in einem Prozeß gegen die illegalen Organisatoren sind sowohl die Teilnehmer als auch die Besitzer der Räumlichkeiten für die Gesetzeshüter undienlich. Für alle Beteiligten am illegalen Glücksspiel steht der Unterhaltungswert und die Freiwilligkeit der Aktivität im Vordergrund. Deswegen wird das illegale Glücksspiel oft als *victimless crime* bezeichnet.

---

[127] Mangione, Thomas W. und Fowler, Floyd J., Jr. „Enforcing the Gambling Laws".

Journal-of-Social-Issues 35.3 (Sommer 1979). S. 117

Um der Zunahme der Verbrechensrate zu begegnen, bleibt den Behörden der betroffenen Städte nichts anderes übrig, als die Zahl der Polizisten zu erhöhen. Das Budget der städtischen Ordnungsbehörde von Atlantic City stieg von US$6 Mio. im Jahr 1976 auf US$24 Mio. in 1992.[128] Bedenkt man, daß zwischen 1980 und 1990 die Einwohnerzahl im Stadtbezirk um 5,5 % gesunken ist[129], so ist insgesamt die Wirkung der Kasinos auf die Kriminalität, auf die Lebensqualität in der Gemeinde und letztendlich auf den städtischen Haushaltsplan erkennbar.

---

[128] Wolf, Frank R. „National Gambling Impact and Policy Commission". *Congressional Record Online*
    (Extension of Remarks) (11. Jan. 1995). S. E86
[129] Aus: *Statmaster*

4.3. <u>Die nationale Komponente - Bedrohung für Moral und Kultur</u>

Abschließend soll auf einen Bereich aufmerksam gemacht werden, der in keiner Kostenrechnung erwähnt wird. Moral und Kultur können nicht in materiellen Werten aufgerechnet werden. Ein Verlust an diesen Idealen einer Nation kann nicht einmal, wie die genannten sozialen Kosten, geschätzt werden. Es ist auffällig, daß keiner der beiden Begriffe in den Reden der Glücksspielgegner im Washingtoner Kongreß erwähnt wird. Selbst führende Mitglieder der *National Coalition Against Legalized Gambling*, die oftmals der religiösen Rechten angehören, argumentieren mit ökonomischen und sozialpolitischen Fakten gegen eine weitere Verbreitung des Glücksspiels. Moralpredigten sind, vor allem auf der politischen Bühne ein unzeitgemäßes Instrument geworden. Indirekt wird jedoch regelmäßig auf das „Puritanische Erbe" der Amerikaner aufmerksam gemacht.

Die wiederholte Wahl von Minnesota als Beispiel für die negative Wirkung des Glücksspiels wird von den Kongreßmitgliedern, die gegen eine Verbreitung des *gambling* in den U.S.A. sind, nicht zufällig getroffen. Jeffersons Idealbild vom Amerika der unäbhangigen und gebildeten Bauern ist hier zum großen Teil Realität. Noch heute ist der Staat eines der nationalen Zentren für landwirtschaftliche Produktion. Durch die erfolgreiche Ansiedlung von Industrie- und Dienstleistungsunternehmen besitzt der *North Star State* dennoch keineswegs einen weltfremden Leumund. Knapp 95 % der 4,4 Mio. Einwohner sind weißer Hautfarbe. Die Kriminalitätsrate liegt weit unter dem Bundesdurchschnitt. Die medizinische Versorgung gilt als eine der besten der gesamten Nation. Während die meisten Staaten der Region in den letzten Jahren einen Bevölkerungsrückgang registrieren mußten, wuchs im Land der 10.000 Seen die Einwohnerzahl um sieben %. Das Privateinkommen der Bürger liegt im Mittel nur unwesentlich über dem Bundesdurchschnitt. Insgesamt trifft man hier das an, was der Amerikaner unter einer „heilen Welt" versteht. In Minnesota dominiert eindeutig die Mittelschicht, die oft als Barometer für den moralischen und volkswirtschaftlichen Zustand einer Gesellschaft angesehen wird.

In der Geschichte der U.S.A. entstanden im Süden und Mittleren Westen religiös-moralische Massenbewegungen, die die gesamte Nation zu einer Rückbesinnung auf ethische Werte veranlaßten. In diesem Zusammenhang sind besonders das zweite *Great Awakening* und der *Volstead Act* zu erwähnen. Dementsprechend wurde ab Mitte der zwanziger Jahre dieses Jahrhunderts die Bezeichnung *Bible Belt* für diese Region geprägt. Ausgerechnet hier trifft man gegenwärtig die meisten legalen Kasinos außerhalb Nevadas und Atlantic Citys an. An diesem bemerkenswerten regionalen Wandel ist der Siegeszug des *legal gambling* in den U.S.A. besonders zu erkennen. Deshalb soll im folgenden erklärt werden, wie das Glücksspiel für die traditionell sittenstrenge amerikanische Mittelschicht akzeptabel wurde und die Altersstruktur des Kundenkreises erheblich ausgeweitet werden konnte.

4.3.1. <u>Akkreditierung eines ungebührlichen Verhaltens</u>

> We [Americans] lack the common cultural roots, the single ancient homeland, to make a people of us. What unites America is devotion to an idea as worked out in the institutions and practical affairs of men.[130]

---

[130] Towner, Lawrence W. Kommentar zu John Withrops „A Modell of Christian Charity".

An American Primer. Boorstin, Daniel J. (Hg.). Chicago (1966). S. 43

In erster Linie ist das Verhalten des Staates für den Abbau der Vorurteile der amerikanischen Bevölkerung gegenüber dem Glücksspiel verantwortlich zu machen. Gemeinschaftliche kulturelle Traditionen sind in Amerika selten zu finden. Der Einfluß der Kirchen auf die amerikanische Gesellschaft ging schon während der Kolonialzeit verloren und flammte seitdem nur noch sporadisch auf. Die gemeinsame Verfassung war und ist das Integrationselement dieser multikulturellen Nation. Die „practical affairs of men" werden durch Gesetze geregelt, deren Ursprung allerdings in den Moralvorstellungen der ersten Siedler zu finden ist. Die Verbindung zwischen religiöser Sünde und gesetzlicher Straftat ist somit naheliegend. Durch die schrittweise Entkriminalisierung gibt es folglich keine Veranlassung mehr für gesetzestreue Bürger, die Aktivität des Wettens zu meiden. In fast allen Vergleichen zwischen den Einwohnern Nevadas, in dem beinahe alle Formen von Glücksspiel zum Zeitpunkt der Umfrage (1974) legal waren und denen der restlichen Nation, ist die Teilnehmerquote in Nevada weitaus höher. Zwar fehlen derartige Informationen für die gegenwärtige Situation, doch aus der gewaltigen Umsatzsteigerung innerhalb der Industrie ist abzuleiten, daß neue Bevölkerungsteile durch die Entkriminalisierung an das Glücksspiel herangeführt worden sind.

Als besondere Tugend der Mittelschicht wird im allgemeinen neben Fleiß und Sparsamkeit die Ordnungsliebe angesehen. Zudem waren es in der Geschichte der U.S.A. vornehmlich Mitglieder der Ober- und Unterklasse, die mit der Teilnahme am meist illegalen kommerziellen Glücksspiel in Verbindung gebracht wurden. Die logische Konsequenz aus dieser Annahme ist, daß in den letzten Jahren der Mittelstand am Boom des legalen Glücksspiel den größten Anteil hatte.

Die Legalisierung von Glücksspiel war ihrerseits nur durch Veränderungen in den Moralvorstellungen der Mittelschicht politisch durchsetzbar. Ende der sechziger Jahre waren es die Kinder der mittelständischen Familien, die auf dem Gebiet der Sexualität und des Drogenkonsums neue Wertmaßstäbe etablieren konnten. 15 Jahre später wurde Kokain zur *all-American drug*. Die Entwicklung auf dem Glücksspielsektor verläuft, um etwa fünf Jahre zeitversetzt, ähnlich ab. Was einerseits als positive Öffnung der amerikanischen Gesellschaft gegenüber veralteten puritanischen Sitten angesehen wird, bemängeln andere als Verlust von traditionell mittelständischen Familienwerten. Legalisierung von überkommenen Lastern und Veränderung der moralischen Werte bedingen sich gegenseitig und sind Teil eines komplexen Gesellschaftswandels, der in den U.S.A. vergleichsweise schnell vollzogen wird. Für die *Gambling Industry* äußerte sich der gesellschaftliche Umbruch der letzten dreißig Jahre fraglos in der Vergrößerung ihres Kundenstammes.

4.3.2. <u>Las Vegas - Von der „Gambling Hell" zum „Themepark"</u>

Die Unternehmen selbst waren selbstverständlich ebenfalls an der Verbreitung ihrer Konsumgegenstandes aktiv. In Nevada war es durch die frühe Legalisierung von Glücksspiel möglich, Erfahrungen zu sammeln und den Mythos „Vegas" aufzubauen, der bis heute weiterlebt. Den immensen Wettbewerbsvorsprung gegenüber den legalen Mitkonkurrenten im Rest der Vereinigten Staaten allein auf den zeitlichen Vorteil zu schieben, wäre zu einfach. Der Begriff „Las Vegas" steht auch für Innovation auf dem Gebiet des Marketing für das Produkt Glücksspiel.

Dabei ging das kommerzielle Glücksspiel von Anfang an eine Symbiose mit der populären Kultur ein. Schon in den Fünfzigern lockte Superstar Frank Sinatra Leute in die Wüste, die wahrscheinlich den Weg dorthin nie gefunden hätten. Andere Entertainer folgten seinem Leitspruch, „If I can make it there, I'll make it anywhere", lieber nach Las Vegas als nach New York. Dort wurden und werden noch immer gigantische Gagen bezahlt. Sinatra verdiente damals schon um die US$50.000 pro Woche. Das Time Magazine bewertete es 1955 als durchaus positiv, daß The Voice seine Gagen wieder in Glücksspielunternehmen investierte:

> But many of Frank's friends insist that he has matured of late. ... He has buttressed the flimsy walls of present success with long-range business enterprises--five music companies, an independent film outfit, a 2% chunk of the enormous Sands gambling hotel in Las Vegas, and eleven shares of the Atlantic City Racetrack.[131]

Zwar hielten sich hartnäckige Gerüchte, daß erwähnte Freunde den Kreisen des „Organisierten Verbrechens" entstammen würden. Die Skandale Sinatras oder die schrille Persönlichkeit eines Liberace konnten ihre Popularität bei den Middle Class-Fans jedoch nie beeinträchtigten. Gleichzeitig bauten sie deren moralische Barrieren gegenüber der gambling hell Las Vegas ab. Jerry Lewis, Dean Martin und Sammy Davis, Jr. seit den Sechzigern und Elvis Presley in den Siebzigern profitierten auf diese Weise von Las Vegas wie die großen Kasinos von ihnen. Die Tatsache, daß in den letzten Jahrzehnten die Altersgrenze der Spielkunden stark nach oben erweitert werden konnte, hängt wohl zum Teil mit der Vereinigung von Glücksspiel und den „Megastars" zusammen.

---

[131] --. „The Kid from Hoboken". *Time Magazine* (29. Aug. 1955). *Time Almanac of the 20th Century.*
Cambridge (1995)

Neben den Auftritten der Berühmtheiten aus der Musikbranche magnetisieren die Kasinohotels in Las Vegas die Zuschauermassen mit der Ausrichtung von Weltmeisterschaftskämpfen im Boxen. 14 von 27 Kämpfen um den Titel im Schwergewicht fanden zwischen 1978 und 1993 hier statt. Hochdotierte Garantieverträge der Kasinounternehmen für die Sportler geben traditionellen Austragungsorten wie dem New Yorker Madison Square Garden, oft das Nachsehen. Die weltweite Fernsehübertragung gewährleistet sowohl die Millionenbeträge der Profiboxer als auch den Fortbestand des Mythos „Las Vegas". Solche Sportspektakel zielen klar auf die Interessen der jüngeren und mittleren Altersgruppen hin. Ebenfalls seit Anfang der achtziger Jahre wird das Entertainmentprogramm verstärkt durch perfekte Showprogramme international angesehener Illusionisten, Varietékünstler und Tänzer erweitert.

Vom Zweckbündnis zwischen Kultur und Glücksspiel scheinen folglich alle Beteiligten zu profitieren. Dieser Eindruck gilt allerdings nur für bestimmte Kultursparten, die zum Image der Spielbanken passen. Innerhalb dieser Sparten sind zudem nur die sogenannten „Top Acts" von Interesse. Unbekannte Künstler und als inadäquat befundene kulturelle Genres sind selten in der Lage aus der Existenz von Kasinos Nutzen zu ziehen. Professionelle Sportligen, wie die NFL oder kulturelle Instanzen, wie die Filmbranche oder die Broadway-Shows sind als eigenständige Unternehmen der Freizeit- und Unterhaltungswirtschaft Konkurrenten im Kampf um den Kunden. Dieser hat meist ein begrenztes Budget und muß sich für ein Produkt entscheiden.

Phantasievoll gestaltete Kasinokomplexe prägen zusätzlich zum Entertainmentprogramm das Image des „Kurzurlaubziels für Jedermann". Das Angebot an leichtbekleideten Damen, auch außerhalb der Bühnenshows, wirkt besonders reizvoll auf bestimmte Kurzurlauber. Der Ruf von „Vegas“ als beliebtes Kongreßzentrum profitiert ebenfalls diesen Annehmlichkeiten. Der jüngste Trend beabsichtigt den Ausbau der Glitzerwelt zu einem riesigen familienorientierten Themenpark. Äußerlich sind die neuen Spielbanken wie das Excalibur, das Luxor oder das MGM Grand nur schwer von Disneyland zu unterscheiden. Finanziell attraktive *all-inclusive*-Reisen sind ein Argument für einen Familienurlaub. Die Kasinos bieten Speisen und Getränke mit dem wohl günstigsten Preis-Leistungs-Verhältnis in den U.S.A. an. Daß der Urlauber auf dem Weg zu Tisch und Bett samt seiner Familie ein Labyrinth an Spielautomaten durchqueren muß, ist der manchmal teuer zu zahlende Preis.

4.3.3. <u>Versuchsfeld Spielkasino</u>

Neben der Vergrößerung des Kundenpotentials arbeiten die Kasinounternehmer ständig an zusätzlichen Formen der Gewinnmaximierung. Sie versuchen, neueste wissenschaftliche Forschungen unterschiedlichster Disziplinen zu ihren Gunsten auszunutzen. Komplizierte Kalkulationen, in die mathematische Erkenntnisse aus der Wahrscheinlichkeitsrechnung einfließen, ergeben einen mehr oder weniger großen Vorteil für das Haus. Für die Kasinobesitzer gilt deshalb ebenfalls die ökonomische Platitüde, daß Zeit Geld ist.

Die Methoden, um Spieler zum längeren Verbleib in der Spielbank zu bewegen, sind sehr vielfältig. Durch persönliche Erfahrungen vor Ort ist es selbst Laien möglich, die Manipulationen der *Gambling Industry* zu entdecken. Die schon angesprochenen Hotelkomplexe sind so konzipiert, daß der Kunde im Idealfall seinen gesamten Aufenthalt innerhalb des Hauses verbringen kann. Die Laufkundschaft wird durch Lichteffekte und Attraktionen an der Fassade angezogen. Hotel, Kasino, Restaurants, Entertainment und Einkaufsgelegenheiten sind Teil einer Phantasiewelt, in der das Zeitgefühl verloren geht. In den Spielsalons befinden sich keine Fenster und Uhren. Die Licht- und Klimaverhältnisse sind so konzipiert, daß die Mehrheit der Besucher sich zu jeder Tageszeit aktiv fühlt. Kostenlose oder zumindest günstige Getränke werden den Kunden an den Spielgeräten serviert. Das Personal trägt sowohl zum Wohlbefinden des Gastes als auch zur Interessenwahrung ihres Arbeitgebers bei. Croupiers sind angehalten, möglichst viele Spiele innerhalb einer bestimmten Zeit stattfinden zu lassen. Beim Eintausch von Bar- in Spielgeld erhält ein Spieler ohne speziellen Wunsch Jetons mit einem hohen Nominalwert.

Die Ausgabe von Spielchips ist eine Möglichkeit, den Realitätsbezug der Spieler zum Geld zu mindern. Ist der Einsatz von Bargeld unvermeidlich, wie bei den meisten *slot machines*, so wirken Nickels und Dimes beruhigend auf das finanzielle Gewissen des Freizeitspielers. Das Beschaffen von Bargeld wird den Spielern leicht gemacht. An Schaltern können problemlos Banknoten und Schecks eingelöst und sogar Kredite aufgenommen werden. Geldautomaten befinden sich in Reichweite der „Einarmigen Banditen". Letztere bestimmen eindeutig das Erscheinungsbild der gegenwärtigen Spielbanken in den U.S.A. Obwohl alle Geldspielgeräte nach dem gleichen System funktionieren, sind den gestalterischen Möglichkeiten keine Grenzen gesetzt. Hierdurch können alle Altersgruppen und Spielertypen angesprochen werden. Sie sind billiger und schneller als Croupiers. Außerdem verwirklichen sie auf ideale Weise einige Theorien des Verhaltensforschers B.F. Skinner. In den dreißiger Jahren bewies Skinner anhand von Tierversuchen mit einem nach ihm benannten *slot machine*-ähnlichen Kasten, daß durch willkürliche Belohnungen ein Motivationschub initiiert werden kann. Diese wissenschaftliche Theorie wurde allerdings schon vor 1930 von findigen Falschspielern am menschlichen Objekt praktiziert. Was da-

134

mals mit illegalen Praktiken inszeniert wurde, findet heute im Rahmen von gesetzlich garantierten Auszahlungsschemata mittels staatlich geprüften Apparaten auf ganz legale Weise statt.

4.4. <u>Zusammenfassung</u>

Noch vor einigen Jahrzehnten mußte der amerikanische Durchschnittsbürger damit rechnen, wegen einer Wette polizeilich belangt zu werden. Es war das sichere Ende einer politischen Karriere, wenn ein Volksvertreter auch nur im geringsten Maße mit Glücksspiel in Verbindung gebracht wurde.

> I thought that the answer was simply enforce the law. But when you're talking about 14-year-olds and 15-year-olds, the answer is information. The answer is understanding.[132]

Dieses Zitat Richard Nixons zum illegalen Konsum von Marihuana ist für den Umschwung in der moralischen Grundhaltung der amerikanischen Mittelklasse seit Anfang der siebziger Jahre charakteristisch. Durch die Legalisierung von Glücksspiel ist es heute möglich, offen über die Vor- und Nachteile eines überholten gesellschaftlichen Tabus zu diskutieren. Frei von den sittlichen Zwängen der Vergangenheit, hat der Amerikaner der neunziger Jahre das Glücksspiel zu einer seiner liebsten Freizeitbeschäftigungen erwählt. Die Freimütigkeit einer modernen Volksgemeinschaft macht es der Wissenschaft leichter, ein soziales und kulturelles Phänomen wie das *gambling* zu untersuchen. Erkenntnisse, die vorher auf unsicheren Umfragen in einem illegalen Randmilieu basierten, können nun anhand fundierterer Forschungen neu beurteilt werden.

---

[132] --. „Man and Woman of the Year: The Middle Americans". *Time Magazine* (5. Jan. 1970)
   *Time Almanac of the 20th Century.*Cambridge (1995)

Das *pathological gambling* erlangte hierdurch die öffentliche Anerkennung als Krankheit.

Die Thematik der krankhaften Spielsucht verdeutlicht jedoch ebenfalls, daß mit einer Legalisierung neue Probleme geschaffen und bekannte Probleme vergrößert werden können.

> In a 1994 study, John Kindt of the University of Illinois estimated that the proportion of pathological gamblers in the population, after gambling is legalised, increases from under 1% to 1.5 - 5%.[133]

Über die Zuverlässigkeit und Aussagekraft von Statistiken dieses Umfangs kann man streiten. Die Autoren selbst weisen konsequent darauf hin, daß es sich bei den Daten um Schätzungen handelt. Absolute Werte über die steigende Zahl von Problemspielern im Zuge der Ausweitung legaler Glücksspielformen lassen sich jedoch durch die Registrierung von Anrufen bei verschiedenen „hotlines" lokalisieren. Im Zeitraum von 1991 bis 1994, in dem verstärkt Kasinos legalisiert wurden, stieg die Zahl der hilfesuchenden Anrufer beim *National Council on Compulsive Gambling* von 11.000 auf 40.000.[134] Zudem bekräftigen ähnlich abweichende Ergebnisse von gleichartig organisierten regionalen Umfragen in bestimmten Zeitabständen die explodierende Entwicklung von zwanghaftem Glücksspiel.

Natürlich liegen die Glücksspielbefürworter richtig mit ihrer Behauptung, daß die Gruppe der Problemspieler wissenschaftlich noch nicht ausreichend definiert sei und überdies nur einen geringen Teil an der Gesamtbevölkerung ausmachte. Trotzdem sollte man die Ergebnisse auf diesem relativ jungen Forschungsgebiet ernst nehmen. Erstaunlicherweise zeigt sich die *Gambling Industry* seit kurzem bis zu einem

---

[133] --. „The Next Throw". *The Economist* (18. März, 1995). S. 28
[134] Glentzer. S. 36

gewissen Punkt kooperativ. In Anbetracht des Motivs „Imagegewinn" wird dieses Verhalten verständlich.

Auch in der Bekämpfung der Kriminalität, die nachweislich von Glücksspieletablissements angezogen wird, läßt die Zusammenarbeit der Kasinos mit der Polizei zu wünschen übrig. Kritik ist ebenfalls am derzeitigen strafrechtlichen System zu üben. Für den Bereich der *gambling*-Delikte schlecht ausgebildete Juristen urteilen nach diesbezüglich unausgereiften Gesetzen. Das führt zu Unverhältnismäßigkeiten im Strafmaß für die Täter und zu Frustrationen unter den Polizisten. Spezifisch amerikanische Eigenarten, wie das Fehlen einer Meldepflicht und die generelle Abneigung der Amerikaner gegen Personenkontrollen, erschweren zudem die Bemühungen der Behörden. So ist die in Deutschland übliche Datenerfassung beim Betreten einer Spielbank für Kasinos in den Vereinigten Staaten bis heute unvorstellbar.

Charles de Gaulle bemerkte seiner Zeit zu den typisch amerikanischen Moralvorstellungen, daß der amerikanische Puritanismus zwar nicht die Durchführung von Sünden verhindere, aber er unterbinde, daß die Amerikaner ihre Laster genießen können. Diese Aussage war in den fünfziger Jahren durchaus noch korrekt. In einer Zeit, in der die Jugendkriminalität jährlich neue Rekordniveaus erreicht, in der immer mehr Menschen auf *minimum-wage jobs* angewiesen sind, und in der man mit terroristischen Anschlägen durch sogenannte „christliche Milizen" täglich rechnen muß, scheint die Moral an Bedeutung verloren zu haben.

Der Verlust an ethischen Werten beschränkt sich in der amerikanischen Gesellschaft allerdings auf bestimmte Lebensbereiche, zu denen das Glücksspiel zählt. Seit einiger Zeit findet ein Kreuzzug gegen den Tabakkonsum statt, und die Abtreibungsdebatte ist zu einem wesentlichen Thema der *platforms* im aktuellen Präsidentschaftswahlkampf auserkoren worden.

Gleichzeitig empfindet die Bevölkerung, daß die polizeiliche Verfolgung von Straftätern aus dem Bereich des illegalen Glücksspiels weniger Priorität hat als die anderer Krimineller. In Washington gelingt es dem Bundeskongreß seit annähernd zwei Jahren nicht, eine neue *Commission on the Review of the National Policy toward Gambling* ins Leben zu rufen. Ein besonders prägnantes Beispiel für die diesbezüglich doppelbödige Moral ist die Wandlung des *Bible Belt* in einen „*Casino Belt*".

Insgesamt wird deutlich, daß der Staat von der Glücksspielindustrie mit den Problemen, die durch die Legalisierung entstehen, allein gelassen wird. Das Verhalten der kommerziellen Spielbankunternehmer unterscheidet sich diesbezüglich nicht von dem ihrer Kollegen aus anderen Branchen. Im kapitalistischen System versuchen die Industriellen, ihre Verpflichtungen so gering wie möglich zu halten. Sie sind der Ansicht, daß sie mit der Bereitstellung von Arbeitsplätzen und der Steuerabgabe ausreichend zum Wohl der Nation beitragen. Die sozialen Folgekosten, die bei der Einführung von legalem Glücksspiel selten auf der Rechnung stehen, belasten die Etats der Länder und tragen somit zu einem wirtschaftlichen Teufelskreis für die Regierungen bei. Jeder einzelne Staatsbürger muß letztendlich die finanziellen Aufwendungen mittragen, von den menschlichen Verlusten ganz zu schweigen.

Beim Versuch, auf diese Mißstände aufmerksam zu machen, greift die Glücksspiel-Opposition mangels verläßlicher aktueller Untersuchungen seit Jahren auf die gleichen Argumentationsquellen zurück. Es wäre von nationalem Interesse, an diesem Punkt anzusetzen, um die zukünftige Wirkung des Glücksspiels auf die amerikanische Kultur und Gesellschaft besser abschätzen zu können.

5. <u>Schlußbetrachtung</u>

Aus dem historischen Zusammenhang heraus sind unterschiedliche Perioden der Akzeptanz des Glücksspiels in der amerikanischen Gesellschaft zu erkennen. Die letzten zwanzig Jahre könnte man hiernach schlicht als einen der wiederkehrenden Abschnitte der Toleranz bezeichnen.

Der Jurist I. Nelson Rose, einer der führenden Wissenschaftler, die sich mit dem Glücksspiel in den Vereinigten Staaten beschäftigen, hat das Ende dieser liberalen Phase in seiner These „The Rise and Fall of the Third Wave: Gambling Will Be Outlawed in Forty Years" sogar genau auf das Jahr 2029 datiert.[135] Der in der Geschichte der U.S.A. einzigartige Vorstoß, das Glücksspiel durch eine breite Entkriminalisierung staatlich zu regulieren, wäre hiernach gescheitert. Auch wenn man über das genaue Datum streiten kann, unterstützen die einzelnen Befunde der vorliegenden Arbeit für den historischen, politischen und sozialen Bereich die prognostizierte Entwicklung von Professor Rose.

Die Legalisierung des Glücksspiels ist jedoch höher zu bewerten als ein bloßes Experiment, unabänderliche historische Zyklen zu überwinden. Sie ist vielmehr das Bestreben einer modernen und progressiven Gesellschaft, einem alten Tabuthema offen entgegenzutreten, um die damit verbundenen und fraglos vorhandenen Probleme definieren und bekämpfen zu können. In den vergangenen zwei Jahrzehnten ist mit dieser Politik mehr erreicht worden, als mit der staatlichen Durch-

---

[135] Rose, I. Nelson. "The Rise and Fall of the Third Wave: Gambling Will Be Outlawed in Forty Years."
Gambling and Public Policy. Eadington, William R. (Hg.). Reno (1991). S. 83
 (nachstehend angeführt als Rose).

setzung von Viktorianischen Moralvorstellungen in den zwei Jahrhunderten davor. Es ist ganz natürlich, daß bei einer fortschrittlichen Methode, wie der Legalisierung eines ursprünglich sündhaften Verhaltens, Fehler begangen und neue Konflikte geschaffen werden.

Diese sind heute glücklicherweise durch das Ablegen moralischer Zwänge und freizügiger wissenschaftlicher Forschung bekannt. Die Entkriminalisierung eröffnet dem Staat zudem mehr Optionen zur Lösung der Probleme, als lediglich mit Polizeigewalt überkommene Gesetze zu überwachen. Die Aufgabe der Regierungen ist es heute deswegen, die gesetzliche Basis dafür zu schaffen, daß *gambling* in Zukunft ein öffentliches Thema bleibt und nicht wieder in den schwierig zu kontrollierenden Bereich der Illegalität abgleitet.

Die Einsetzung einer neuen *Commission on the Review of the National Policy toward Gambling* ist ein erster Schritt in diese Richtung. Die Arbeit dieser unabhängigen Kommission wird voraussichtlich keine bahnbrechenden neuen Erkenntnisse hervorbringen. Ihre außerordentliche Bedeutsamkeit besteht vielmehr darin, daß sie die Vielfalt der jüngsten wissenschaftlichen Befunde bündelt und für den politischen Prozeß brauchbar macht. Die zeitlich begrenzte Berufung eines Fachgremiums stellt jedoch keine endgültige Lösung der Problematik dar. Ohne die Verdienste der 'Kommission von 1974' zu schmälern, ist deutlich geworden, daß viele der Empfehlungen für die Regierungen schon beim Zeitpunkt der Veröffentlichung des Abschlußberichtes zweieinhalb Jahre später nicht mehr zeitgemäß waren.

Die konsequente Anwendung neuer Technologien war seit jeher für die rasante Ausbreitung und die hohe Agilität des Glücksspiels förderlich. Noch vor zwei Jahren galten die *Video Lottery Terminals* als Krönung in der Evolution der Geldspielgeräte. 1995 wurden die ersten *Virtual Casinos* im

Internet eröffnet. Mit sogenannten *Cyberbucks* ist es heute mittels eines herkömmlichen Personal-Computers möglich, Wetten aller Art einzugehen.

> Starting with little more than a vision and a colorful Internet home page, Mr. Eugene claims nearly 1,000 people have already deposited money to play. With his computer in the Caribbean tax haven of the Turks and Calcos Islands, he says he offers a tempting option to gamblers.[136]

Noch nimmt eine begrenzte Gemeinschaft von Computerbesitzern über relativ komplizierte Anwendungsoberflächen am anarchisch konstruierten, weltweiten Rechnernetz teil. Noch stehen die finanziellen Abrechnungsmöglichkeiten im Internet am Anfang ihrer Entwicklung. Beim rasanten Fortschritt in der Computertechnologie kann man sich leicht vorstellen, welch großem Publikum die virtuellen Spielbanken in wenigen Jahren zugänglich sein werden.

Am Beispiel des Internet wird außerdem deutlich, daß das derzeitige System der einzelstaatlichen Regulierung des Glücksspiels in absehbarer Zeit vollends überfordert sein wird. 1994 sorgte die vielzitierte Feststellung eines Spielbankunternehmers, daß zur Jahrtausendwende 95 Prozent aller Amerikaner im nächsten Einzugsbereich eines Kasinos leben würden, für allgemeine Erregung. Mit den Internet-Kasinos wird das Glücksspiel sogar über die Vorgärten hinaus direkt in die Wohnzimmer der kleinstädtischen und ländlichen Bevölkerung gelangen. Die Bildung einer nationalen Interessengemeinschaft in Washington deutet nachdrücklich die Ernst-

---

[136] Bulkeley, William M. „Feeling Lucky: Electronics Is Bringing Gambling into Homes, Restaurants
and Planes." *Wall Street Journal* (16. Aug. 1995). Zitiert von Richard G. Lugar.
Congressional Record Online (9. Nov. 1995). S. S16929.

haftigkeit der Absichten der *Gaming Industry* an. Durch telekommunikative Leitungen ist es den *blacklegs* des 21. Jahrhunderts möglich, weitab vom Arm des amerikanischen Gesetzes den immensen Bedarf an Glücksspiel in den Vereinigten Staaten zu befriedigen.

Der Drang des Individuums, Wetten abzuschließen, ist kein spezifisch amerikanisches Phänomen. Formen von Glücksspiel gehören zum Kulturgut nahezu aller Volksgemeinschaften. Die gegenwärtigen Teilnehmerzahlen am legalen Glücksspiel in anderen Nationen unterscheiden sich prozentual nur wenig von denen in den U.S.A..

Die Art und der Umfang der Kommerzialisierung der 'Dienstleistung Glücksspiel' ist dagegen typisch amerikanisch. Die modernen *all-inclusive* Kasinokomplexe lassen wirtschaftliche Bedenken in bezug auf eine Kartellbildung aufkommen. Ein Konglomerat an unternehmenseigenen Zulieferfirmen, deren Personal nicht selten mit kriminellen Kreisen in Verbindung gebracht wird, läßt kaum zu, daß konzernfremde Betriebe gleicher Art vom Boom in der Branche profitieren. Die hohe Machtkonzentration im Spielbankengewerbe und die übertriebene Werbung der staatlichen Lotterieveranstalter erscheinen als die potentiellen Auslöser für einen trendumkehrenden Skandal in der Zukunft.

Diese Fakten sollten ein Zeichen für die verantwortlichen Politiker sein, sich möglichst bald über eine einheitliche und effektive Regulierung des legalen Glücksspiels Gedanken zu machen, um in naher Zukunft nicht den Überblick zu verlieren. Eine derartige Lösung kann nur gefunden werden, wenn man private Interessen konsequent vom Prozeß ausgliedert.

Die zusätzliche <u>Ausweitung der direkten Veranstaltungsmöglichkeiten des Staates</u> von der Lotterie auf den Spielbankensektor würde den Konkurrenzdruck zwischen privaten und staatlichen Glücksspielunternehmungen aufheben. Durch die eintretende Entspannungsphase könnten sich die Politiker wieder darauf besinnen, das legale Glücksspiel als ergänzende Einnahmequelle und nicht als festen Bestandteil des Staatshaushalts anzusehen. Die aggressive Vermarktung der *gambling*-Produkte und der 'Domino-Effekt' würden entschärft werden. Überdies könnten die vermuteten Verwicklungen des 'Organisierten Verbrechens' in das legale Glücksspiel unterbunden werden.

Durch die Mehreinnahmen für den Staat aus dem bisherigen Gewinnanteil der privaten Unternehmen könnten die Wettquoten für die Mitspieler derart gestaltet werden, daß die Teilnahme an den entsprechenden illegalen Formen unattraktiv wird. Da der Staat ein größeres Interesse an der Lösung des Problems des *compulsive gambling* haben sollte als die privaten Kasinobesitzer, könnten prophylaktische Maßnahmen vor Ort erprobt werden.

Die <u>Zusammenlegung aller einzelstaatlichen Kontrollbehörden</u> und der *Indian Gaming Commission* ist allein wegen der Kosteneinsparungen sinnvoll. Die Koordination nationaler Maßnahmen gegen glücksspielbedingte Probleme könnte schneller und effektiver gestaltet werden. Die Aufgliederung der Behörde in eine Zentrale und einzelstaatliche Filialen mit einem begrenzten Personalstamm, kurze Amtszeiten, der ständige Austausch des Mitarbeiterstabes und ein *checks-and-balance system* innerhalb der zentralen Glücksspielbehörde müßten die Bedenken der Einzelstaaten zerstreuen und Korruption erschweren.

Diesen idealistischen Vorschlägen zur staatlichen Regulierung des Glücksspiels in den U.S.A. steht in Geschichte und Gegenwart das äußerst sensible Souveränitätsgefühl der Einzelstaaten und die als unamerikanisch angesehene Verstaatlichung eines Wirtschaftszweiges entgegen.

Es wäre jedoch ein herber Rückfall der amerikanischen Gesellschaft in längst überwunden geglaubte Zeiten, wenn sich die Theorie von I. Nelson Rose bewahrheiten würde:

> On September 6, 1989, the Oregon State Lottery began taking bets on games of the National Football League. Fifty years from now that date will be remembered as the beginning of the end of the Golden Age of Legal Gambling.[137]

---

[137] Rose. S. 67.

6. <u>Literaturverzeichnis</u>

6.1. <u>Nachschlagewerke</u>

Encyclopedia Americana. New York (1961)

Meyers Großes Taschenlexikon. Aktualisierte Neuausgabe. Mannheim (1983)

Funk & Wagnall's New Encyclopedia. Microsoft Encarta '95.   Redmond,WA (1994)

The New Grolier Multimedia Encyclopedia. Release 6. Novato (1993)

Time Almanac of the 20th Century. Cambridge (1995)

6.2. <u>Bücher</u>

Bergh, Albert E. und Lipscomb, Andrew A. (Hg.). *The Writings of Thomas Jefferson.* Monticello Edition. Washington (1904)

Blakey, G. Robert. *The Development of the Law of Gambling 1776-1976.* Washington (1977)

Boyd, Kier T. *Gambling Technology.* Washington (1981)

Braidfoot, Larry. *Gambling. A Deadly Game.* Nashville (1985)

Burnham, John C. *Bad Habits.* New York (1993)

Chafetz, Henry. *Play the Devil.* New York (1960)

Cook, Virginia G. *Gambling. A Source of State Revenue.* Lexington (1973)

Currens, Jerry. *Legalized Gambling.* Lexington (1977)

Devereux, Edward C. *Gambling and the Social Structure*. A Sociological Study of Lotteries in Contemporary America. New York (1980)

Ford, Paul L. *The True George Washington*. Philadelphia (1896)

Hakin, Simon. *The Impact of Casino Gambling on Crime in Atlantic City and Its Region*. Philadelphia (1985)

Helsing, Patricia. *Gambling in America*. Final Report of the Commission on the Review of the National Policy toward Gambling. Washington (1976)

King, Rufus. *Gambling and Organized Crime*. Washington (1969)

Labaree, Leonard W. (Hg.). *The Papers of Benjamin Franklin*. New Haven (1961)

League of Women Voters of Pennsylvania. *Legalization of Gambling in Pennsylvania*. Philadelphia (1984)

Lesieur, Henry R. *Compulsive Gambling*. Ann Arbor (1976)

Longstreet, Stephen. *Win or loose*. A Social History of Gambling in America. Indianapolis (1977)

Mather, Increase. *Testimony against Prophane Customs*. London (1687); Charlottesville (repr. 1953)

Noel, Thomas Jacob. *The City and the Saloon*. Lincoln (1982)

Remini, Robert V. (Hg.). *The Age of Jackson*. New York (1972)

US Commission on the Review of the National Policy toward Gambling. *Interim Report*. Washington (1976)

Walker, Michael B. *The Psychology of Gambling*. Oxford (1992)

Weinstein, David & Deitch, Lillian. *The Impact of Legalized Gambling.*   New York (1974)

6.3. <u>Sammelwerke</u>

Boorstin, Daniel J. (Hg.). *An American Primer.* Chicago (1966)

Caldwell, Geoffrey (Hg.). *Gambling in Australia.* Sydney (1985)

Eadington, William R. (Hg.). *Gambling and Public Policy.* Reno (1991)

Fowler, Floyd J. (u.a.). *Gambling Law Enforcement in Major American Cities.* Washington (1978)

Monkkonen, Eric H.(Hg.). *Crime and Justice in American History.* Bd. 8: „Prostitution, Drugs, Gambling and Organized Crime". München (1992).

Ransohoff, Joan (Hg.). *Legal Gambling in New York.* New York (1972)

Rose, I.N. (Hg.). *Compulsive Gambling and the Law.* New York (1988)

Shaffer, Howard (Hg.). *Compulsive Gambling.* Lexington (1989)

6.4. <u>Artikel in Zeitschriften und Zeitungen</u>

6.4.1. <u>Zeitschriften (sukzessiv nach Zeitschriftentitel, Datum und Autor sortiert)</u>

Savage, David G. „States Rights Gamble". *ABA Journal* 81 (Oktober 1995).   S. 42

Anderson Forest, Stephanie. „Big Trouble in the Big Easy". *Business Week* (16. Okt. 1996). S. 100-102

Ullman, Owen. „Can Gambling Solve State Fiscal Problems? Don't Bet on It". *Business Week* (15. Nov. 1993). S. 22

Idelson, Holly. „Indian Gaming Ruling Strikes at Congressional Power". *Congressional Quarterly Weekly Report* (30. März 1996). S. 889

Wells, Robert Marshall. „Bill Would Widen Federal Role in Regulating Gambling". *Congressional Quarterly Weekly Report* 53.32 (12. Aug. 1995). S. 2445

Torricelli, Robert G. und Inouye, Daniel K. „At issue: Is the Indian Gaming Regulatory Act (IGRA) Unfair to the States?". *CQ Researcher* 4.11 (18. März 1994). S. 257

Skolnick, Jerome H. und Dombrink, John. „The Legalization of Deviance". *Criminology* 16.2 (August 1978). S. 193-208.

--. „The Next Throw". *The Economist* (18. März 1995). S. 27-29

--. „On a Roll". *The Economist* (20. Jan. 1990). S. 29-32

Worsnop, Richard L. „Lucrative Lure of Lotteries and Gambling". *Editorial Research Reports* (9. Nov. 1990). S. 633-647

Sommers, Lawrence M. und Lounsbury, John F. „Border Boom Towns of Nevada". *Focus* 41.4 (Winter 1991). S. 12-18

Siler, Charles. „Why Are Las Vegas and Atlantic City Yawning?". *Forbes* (30. April 1990). S. 140

Blakey, G. Robert. „State Conducted Lotteries: History, Problems and Promises". *Journal-of-Social-Issues* 35.3 (Sommer 1979). S. 62-86.

Dielman, T. E. „Gambling: A Social Problem". *Journal-of-Social-Issues* 35.3 (Sommer 1979). S. 36-42.

Haller, Mark H. „The Changing Structure of American Gambling in the Twentieth Century". *Journal-of-Social-Issues* 35.3 (Sommer 1979). S. 87-114.

Hybels, Judith H. „The Impact of Legalization on Illegal Gambling Participation". *Journal-of-Social-Issues* 35.3 (Sommer 1979). S. 27-35.

Joyce, Kathleen M. „Public Opinion and the Politics of Gambling". *Journal-of-Social-Issues* 35.3 (Sommer 1979). S. 144-165.

Kallick-Kaufmann, Maureen. „The Micro and Macro Dimensions of Gambling in the United States". *Journal-of-Social-Issues* 35.3 (Sommer 1979). S. 7-26.

Mangione, Thomas W.; Fowler, Floyd J., Jr. „Enforcing the Gambling Laws". *Journal-of-Social-Issues* 35.3 (Sommer 1979). S. 115-128.

Reuter, Peter. „Easy Sport: Research and Relevance". *Journal-of-Social-Issues* 35.3 (Sommer 1979). S. 166-182.

Skolnick, Jerome H. „The Dilemmas of Regulating Casino Gambling". *Journal-of-Social-Issues* 35.3 (Sommer 1979). S. 129-143.

Suits, Daniel B. „Economic Background for Gambling Policy". *Journal-of-Social-Issues* 35.3 (Sommer 1979). S. 43-61.

Glentzer, Molly. „The Great American Gamble". *Modern Maturity* 38.4 (Juli 1995). S. 30-37

Hirshey, Gerri. „Gambling Nation". *The New York Times Magazine* (17. Juli 1994) Sektion 6. S. 36

Lesieur, Henry R. „Compulsive Gambling". *Society* 29.4 (198) (Mai-Juni 1992). S. 43-50.

Reuter, Peter und Rubinstein, Jonathan. „Illegal Gambling and Organized Crime". *Society* 20.5 (145) (Juli-August 1983). S. 52-55.

Altheide, David L. „Electronic Media and State Control: The Case of Azscam". *Sociological-Quarterly* 34.1 (Frühjahr 1993). S. 53-69.

Shapiro, Joseph P. „America's Gambling Fever". *US News & World Report* (15. Jan. 1996). S. 53-61

Popkin, James. „America's Gambling Craze". *US News & World Report* 116.10 (14. März 1994). S. 42-46

Horan, Kevin. „Tricks of the Trade". *US News & World Report* 116.10   (14. März 1994). S. 48-52

Popkin, James. „A Mixed Blessing for 'America's Ethiopia'". *US News & World Report* 116.10 (14. März 1994). S. 52-56

6.4.2. <u>Zeitungen (nach Datum sortiert)</u>

Green, Tim. „Backtalk; Helmet, Cards, Dice: The Gambling Life in the N.F.L". *NYT*, Late Edition (15. Jan. 1995) Sektion 8: Sports Desk. S. 11

Nordheimer, Jon. „The Way It Was and Could Be". *NYT*, Late Edition   (21. Jan. 1995) Sektion 1: Metropolitan Desk. S. 29

Rabinovitz, Jonathan. „Indian Issue Threats over New Casinos". *NYT*, Late Edition (25. Jan. 1995) Sektion B: Metropolitan Desk. S. 4

Associated Press. „Company News; Casino Panel in Louisiana Lifts a Ban on Bally Gaming". *NYT*, Late Edition (2. Feb. 1995) Sektion D: Financial Desk.   S. 3

Van Gelder, Lawrence. „Oneidas Seeking Casino at Monticello Raceway". *NYT*, Late Edition (1. März 1995) Sektion B: Metropolitan Desk. S. 1

Dao, James. „Tribe's No-Arm Bandits Called a Dodge". *NYT*, Late Edition (11. März 1995) Sektion 1: Metropolitan Desk. S. 28

Meier, Barry. „Is Organized Crime Back on The Table". *NYT*, Late Edition (24. März 1995) Sektion D: Financial Desk. S. 1

Judson, George. „Judge Permits Casino 'Poll' in Bridgeport". *NYT*, Late Edition (28. März 1995) Sektion B: Metropolitan Desk. S. 4

Sudetic, Chuck. „Gambling Finds Haven in Temples". *NYT*, Late Edition   (7. Mai 1995) Sektion 1: Metropolitan Desk. S. 45

Kent, Bill. „Atlantic City Trouble Turns on Its Heel". *NYT*, Late Edition   (21. Mai 1995) Sektion 13NJ: New Jersey Weekly Desk. S. 20

Kleinfield, N. R. „Former Officer in Chinatown Admits That He Took Bribes". *NYT*, Late Edition (14. Juni 1995) Sektion B: Metropolitan Desk. S. 2

Hamilton, Robert A. „Eastside, Westside: Casinos on the Thames". *NYT*, Late Edition (18. Juni 1995) Sektion 13CN: Connecticut Weekly Desk. S. 1

Associated Press. „Wynn Makes His Return to Atlantic City". *NYT*, Late Edition (28. Juni 1995) Sektion D: Financial Desk. S. 13

Sack, Kevin. „Mayor Loses Political Fray in Legislature". *NYT*, Late Edition (1. Juli 1995) Sektion 1: Metropolitan Desk. S. 21

Kent, Bill. „Atlantic City; The Town That Smiled". *NYT*, Late Edition   (22. Juli 1995) Sektion 13NJ: New Jersey Weekly Desk. S. 14

Egan, Timothy. „Hedging Bets on Democracy, Casinos Offer Cash to Voters". *NYT*, Late Edition (18. Aug. 1995) Sektion A: National Desk. S. 1

Nordheimer, Jon. „In the Shadow of Atlantic City, A Tribe Wants to Open a Casino". *NYT*, Late Edition (18. Aug. 1995) Sektion B: Metropolitan Desk.   S. 1

Alvarez, Lizette. „Trump Files a Suit to Block a New State Lottery Game". *NYT*, Late Edition (23. Aug. 1995) Sektion B: Metropolitan Desk. S. 5

Fisher, Ian. „Looking to a Neighbor, New York Can See Keno Concerns". *NYT*, Late Edition (24. Aug. 1995) Sektion B: Metropolitan Desk. S. 1

Sullivan, John. „Police in a War of Wits with Casino Crooks". *NYT*, Late Edition (28. Aug. 1995) Sektion B: Metropolitan Desk. S. 5

James, George. „Video Keno is in Doubt as a Judge Backs Trump". *NYT*, Late Edition (2. Sep. 1995) Sektion 1: Metropolitan Desk. S. 24

Pristin, Terry. „New Jersey Daily Briefing; 6 Reputed Mob Figures Arrested". *NYT*, Late Edition (8. Sep. 1995) Sektion B: Metropolitan Desk. S. 1

Alson, Peter. „Raking It In". *NYT*, Late Edition (10. Sep. 1995) Sektion 4: Editorial Desk. S. 17

Kent, Bill. „Atlantic City; Missing the Old Neighborhood". *NYT*, Late Edition (10. Sep. 1995) Sektion 13NJ: New Jersey Weekly Desk. S. 14

Kleinfield, N. R. „Officer Pleads Guilty to Corruption Charge". *NYT*   (13. Sep. 1995) Sektion A. S. 28

Wines, Michael. „Indian-Run Casinos and a Capital Mystery". *NYT*, Late Edition (24. Sep. 1995) Sektion 1: National Desk. S. 24

Johnson, Dirk. „More Casinos, More Players Who Bet Until They Loose All". *NYT*, Late Edition (25. Sep. 1995) Sektion A: National Desk. S. 1

Safire, William. „Essay; New Evil Empire". *NYT*, Late Edition (28. Sep. 1995) Sektion A: Editorial Desk. S. 27

--. „Executive Named in Gambling Trial". *NYT*, Late Edition (13. Okt. 1995) Sektion D: Financial Desk. S. 7

Brooke, James. „Proposed Cuts in Indian Programs Hit Those Who Rely Most On Federal Aid". *NYT*, Late Edition (15. Okt. 1995) Sektion 1: National Desk. S. 16

Pristin, Terry. „New Jersey Daily Briefing; Four Charged in Betting Ring". *NYT*, Late Edition (18. Okt. 1995) Sektion B: Metropolitan Desk. S. 1

Passell, Peter. „Lottery for the Arts: Over the Rainbow under a Cloud ?". *NYT*, Late Edition (24. Okt. 1995) Sektion C: Cultural Desk. S. 13

Rabinovitz, Jonathan. „Odd Alliance Opposes Bridgeport Casino Plan". *NYT*, Late Edition (25. Okt. 1995) Sektion B: Metropolitan Desk. S. 5

Rabinovitz, Jonathan. „Rowland Tells Legislature Bridgeport Needs a Casino". *NYT*, Late Edition (26. Okt. 1995) Sektion B: Metropolitan Desk. S. 7

Associated Press. „Bridgeport Casino Survives Key Vote in Legislative Panel". *NYT*, Late Edition (2. Nov. 1995) Sektion B: Metropolitan Desk. S. 6

Sack, Kevin. „The Nation; There are two sides to every game in town". *NYT*, Late Edition (5. Nov. 1995) Sektion 4: Week in Review Desk. S. 4

Rabinovitz, Jonathan. „Casino Issues Spotlight Rift in the G.O.P.". *NYT*, Late Edition (12. Nov. 1995) Sektion 1: Metropolitan Desk. S. 41

Associated Press. „Conferees Drop Plan to Tax Indian Casinos". *NYT*, Late Edition (16. Nov. 1995) Sektion B: National Desk. S. 12

Judson, George. „Blue-Collar Bridgeport Loses Catalyzing Jobs". *NYT*, Late Edition (18. Nov. 1995) Sektion 1: Metropolitan Desk. S. 24

Toy, Vivian S. „Debating Legality of Plan for Cruise-Ship Gambling". *NYT*, Late Edition (20. Nov. 1995) Sektion B: Metropolitan Desk. S. 2

Keller, Susan Jo. „New Jersey Daily Briefing; Genovese Figures Plead Guilty". *NYT*, Late Edition (22. Nov. 1995) Sektion B: Metropolitan Desk. S. 1

Sterngold, James. „Federal Study Would Weigh Costs of Gambling's Spread". *NYT*, Late Edition (24. Nov. 1995) Sektion A: National Desk. S. 1

Reinholz, Mary. „Women Recovering from Compulsive Gambling, Step by Step". *NYT*, Late Edition (26. Nov. 1995) Sektion 13LI: Long Island Weekly Desk. S. 34

6.4.3. <u>**Congressional Record Online (nach Datum der Kongreßrede sortiert)**</u>

Simurda, Stephen J. „When Gambling Comes to Town". *Columbia Journalism Review*. Am 5. Jan. 1995 im *Congressional Record Online*. S. S521-S522

Shenk, Joshua Wolf. „Everyone's a Loser: How Lottery Ads Entice the Wrong People to Gamble". *Washington Monthly* (Juli/August 1995). Am 4. Aug. 1995 im *Congressional Record Online*. S. S11472-S11474

Babington, Charles. „Casinos Not a Sure Bet, Other States Discover". *Washington Post* (6. Aug. 1995). Am 1. Nov. 1995 im *Congressional Record Online*. S. S16512-S16513

--. „Social Roulette". *Washington Post* (22. Sep. 1995). Am 2. Nov.1995 im *Congressional Record Online.* S16632

Safire, William. „Gambling Fever".*The New York Times* (10. Apr. 1995).   Am 3. Nov. 1995 im *Congressional Record Online.* S. S16674-S16675

Fisher, Ian. „Keno Game Ushers in New Era of Gambling in New York".   *The New York Times* (7. Sep. 1995). Am 8. Nov. 1995 im *Congressional Record Online.* S. S16831-S16832

Bulkeley, William M. „Feeling Lucky: Electronics Is Bringing Gambling Into Homes, Restaurants and Planes". *Wall Street Journal* (16.Aug. 1995).   Am 9. Nov. 1995 im *Congressional Record Online.* S16929-S16930

Bartlett,Ron. „Global Casinos Pose Virtual Mess". *Tampa Tribune*   (27. Aug. 1995). Am 15. Nov. 1995 im *Congressional Record Online.*   S. S17101-S17102

Associated Press. „Governor Says He's Worried State May Be Too Dependent on Gambling". (12. Sept. 1995). Am 16. Nov. 1995 im *Congressional Record Online.* S. S17187-S17188

--. „The Odds Aren't Worth It". *The Boston Globe*, City Edition   (25. Nov. 1995). Am 30. Nov. 1995 im *Congressional Record Online.*   S. S17871-S17872

Armstron, Ken. „Risky Business: Can Gaming Win in Cities? - Chicago May Get a Tip from New Orleans". *Chicago Tribune* (29. Nov. 1995).   Am 4. Dez. 1995 im *Congressional Record Online.* S. S179292-17930

--.„Dead Broke".*Minneapolis Star Tribune* (3. Dez. 1995). Am 5. Dez. 1995 im *Congressional Record Online.* S. H13935-H13936

Roeper, Richard. „Computer Bettors Can Be Virtually Sure of Losing". *Chicago Sun-Times* (10. Dez. 1995). Am 15.

Dez. 1995 im *Congressional Record Online*. S. S18746-S18747

Sack, Kevin. „Special Report: Gaming Lobby Gives Lavishly to Politicians". *The New York Times* (18. Dez. 1995). Am 19. Dez. 1995 im *Congressional Record Online*. S. S18929-S18931

--. „No Right Way To Do Wrong". *Omaha World-Herald* (19. Nov. 1995). Am 23. Jan. 1996 im *Congressional Record Online*. S. S329

Tydings, Joseph & Reuter, Peter. „Casino Gambling: Bring in the Feds". *Washington Post* (6. Feb. 1996). Am 7. Feb. 1996 im *Congressional Record Online*. S. S1153-S1154

Ison, Chris & McGrath, Dennis J. „Gambling's Toll in Minnesota". *Minneapolis Star Tribune*. Am 15. April 1996 im *Congressional Record Online*. S3323-S3324

--. „Gambling in the Sunlight". *New York Times* (27. Apr. 1996). Am 1. Mai 1996 im *Congressional Record Online*. S. S4564

6.5. <u>Sonstige Quellen</u>

6.5.1. <u>Reden vor dem US-Bundeskongreß aus Congressional Record Online über GPO Access [wais.access.gpo.gov]</u>

6.5.1.1. <u>Im Senat</u>

Chafee, John H. „The Indian Gaming Regulatory Act of 1994". (23. Juni 1994). S. S2230

Simon, Paul. „Gambling". (27. April 1995). S. S5851-S5852

Simon, Paul. „The Explosive Growth of Gambling in the United States". (31. Juli 1995). S. S10912-S10915

Dorgan, Byron. „Gambling". (31. Juli 1995). S10916

Warner, John W. „Gambling Impact Study Commission Act". (27. Okt. 1995). S. S16106-S16107

6.5.1.2. <u>Im Repräsentantenhaus</u>

Wolf, Frank R. „Legalized Gambling Not a Good Bet". (29. Nov. 1994)

LaFalce, John J. „The Need for a National Policy toward Gambling". (11. Jan. 1995). S. H182

Everett, Terry. „To Amend the Indian Gaming Regulatory Act on Behalf of Communities". (30. März 1995). S. E747

Wolf, Frank R. „Commission to Investigate Gambling in America". (20. Sep. 1995). S. H9255

Wolf, Frank R. „Urging Members to Cosponsor Bill to Create a National Commission to Study Gambling". (25. Okt. 1995). S. H10754

Wolf, Frank R. „Money and Power Influence on Gambling Legislation". (18. April 1996). S. H3622-H3623

6.5.2. <u>Gesetzesinitiativen aus Congressional Record Online über GPO Access [wais.access.gpo.gov]</u>

6.5.2.1. <u>Im Senat</u>

S. 487 „Indian Gaming Regulatory Act Amendments Act of 1995" (22. Feb. 1995)

S. 704 „Gambling Impact Study Commission Act" (5. April 1995)

6.5.2.2. Im Repräsentantenhaus

H.R. 462. „National Policies Toward Gambling Review Act of 1995"   (11. Jan. 1995)

H.R. 497 „National Gambling Impact and Policy Commission Act"   (11. Jan. 1995)

6.5.3. Andere

U.S. Dept. of Commerce, Bureau of the Census. *Statmaster Desktop Demographics*. Washington (1992)

Herstellung: Libri Books on Demand
ISBN 3-89811-509-7